這樣拜才有效

精華圖解版

春光編輯室 整理
王品豐 審訂

第一本「**拜拜攻略**」，步驟拆解一看就會

拜了這麼久，
您還是搞不清楚該準備哪些四品禮物？
不知怎樣向神明稟告？
拜法和問法對不對？
擲筊半天都沒有「**筊**」，
是不是哪裡做不對？

本書以圖文搭配、步驟拆解方式，為您詳細整理：
應準備哪些金紙、求神說法、拜拜順序；
運氣不好時補運、轉運、請神相助作法；
財庫破漏時補財庫、送窮神、開財庫、
以及求工作、姻緣、考試、貴人、閃小人等重點。

一次歸納王品豐老師拜拜系列精華，完整拆解詳細步驟，
書後還附上「拜拜小抄」，可裁切下來邊看邊拜，
讓您一本「拜拜攻略」在手，不怕拜錯，這樣拜就有效！

朝外拜天公 ↓

獻果 ↓

入廟拜主神 ↓

獻花 ↓

拿出稟文向神明稟告

放好金紙 ↓

出版緣起

其實春光醞釀出版《這樣拜才有效精華圖解版》已有將近兩年多的時間。自二〇一〇年出版王品豐老師所著的《這樣拜才有效》之後，直至二〇一三年的《這樣拜不會錯——解答50個拜拜常見疑難雜症》，其間春光「服務處」陸陸續續接到不少讀者的來電，詢問的問題包羅萬象，但歸納起來，多半是：

如果廟方不准燒金紙該怎麼辦？

書中說金紙要蓋手印，怎麼蓋？

金元寶下要塞福金，要怎麼塞？

這些問題並不難，書中也有答案，但無論怎麼解說，似乎總比不上「有圖有答案」。因此，在王品豊老師的「這樣拜」系列六本書完成後，春光編輯室便開始著手歸納讀者們的問題，並且把拜拜流程、步驟一一拆解，最重要的是，附上重點說明。我們的心願是讓讀者們都可以在拜拜時心無旁騖，不用擔心說錯，心誠意專的拜拜祈求好運。

這本《這樣拜才有效精華圖解版》我們戲稱做「拜拜攻略」，因爲看過「這樣拜」系列書的讀者們都知道，作者在每本書中說了相當多精彩的眞實案例，這些故事所要傳達的，是拜拜最該具備的觀念和心態。既然已經傳達了拜拜最重要的是「三心二意」（懺悔心、誠心、耐心、誠意和心意），那麼解決拜拜流程中讀者所產生的疑惑，便是接下來的任務了。

本書除了拆解步驟、圖解方法之外，全書最後也附上了可裁切的拜拜小抄和稟文。因爲春光編輯們每次拜拜，也都要翻書抄下該準備哪些四品禮物（花、果、燭、金紙）？數量多少？該怎麼稟告？這時如果有小抄可以註明拜不同的事情，各別該準備哪些物品、基本數量是多少，該有多好？於是「拜拜小抄」於爲誕生。

這是一本好用的拜拜工具書，也圓滿了「這樣拜」系列書一些較難口述的部分，誠心希望這本書能解決讀者們的疑惑，期祝大家都能心想事成，越拜越靈驗。

目錄

單元四

單元五

單元 一

拜拜準備

◆

一定要準備花果燭嗎？

◆

基本拜拜順序

單元
一
拜拜準備

一定要準備花果燭嗎？

花果燭，相當於拜拜求神的見面禮，就像你登門拜訪、或是有求於人，總不能帶著兩串蕉，所以帶上花果燭以表誠意是絕對必要的。

花

代表的是與神結緣，或是與人結善緣。也代表光彩亮麗、受人喜愛之意。

準備重點

- 必須準備一對，也就是兩束。雙雙對對有喜悅、結緣之意。
- 花的種類無限制，黃白菊姐妹花也可以，但玫瑰有刺最好不要選。
- 求好運：以白色為主。例如：白色香水百合、白色火鶴。
- 求財運：以黃色為主。例如：黃色香水百合、黃色菊花、黃色火鶴。
- 求事業：以綠色為主。例如：綠色菊花、唐棉、貓柳、綠銀柳、劍蘭。
- 求人緣桃花：以紅色為主。例如：紅色火鶴、紅色菊花、蝴蝶蘭。

香水百合

劍蘭

每種水果準備一顆即可

不要拜芭樂

不要拜檸檬

燭火點亮前途

果

代表的是成就、結果、因緣俱足。

「花」是誠意和緣份的表達，那麼「果」就等於開花之後的結果。

準備重點

- 因爲奇數爲陽，偶數爲陰，所以拜拜用的水果必須是單數，例如三果、五果。
- 每一種水果取一顆就可以了。例如：橘子、蘋果、香瓜、鳳梨、桃子各一顆。
- 不拿來拜拜的水果有：釋迦、番茄、芭樂、楊桃、檸檬、蓮霧。

燭

代表的是點亮光明前途。

燭的功能在於藉火引點神明之光，照亮前途，等於幫自己打亮光明前途的意思。

準備重點

- 大小不拘，但以紅色爲主。
- 準備一對。

獻果

獻花

放好金紙

單元

一

拜拜準備

基本拜拜順序

不管到哪一間廟宇敬拜，基本的順序和步驟都是差不多的。無論今日要求的事情是工作、姻緣、還是求財，都要和廟中眾神一一稟告，沒有例外。

1 拜拜之前要先獻花、獻果。

放上供桌前，先捧著果品鮮花，向神明稟告：

弟子○○○，出生時間民國○○年○○月○○日，現居○○○○○○○○。今日敬備四品禮物，請眾神鑑納。

2 放好供品和金紙之後，點香，天公爐要先拜（站在廟內，向外拜）。

奉香拜請玉皇大天尊以及諸天過往神佛在上：弟子○○○，出生時間民國○○年○○月○○日，現居○○○○○○○○○○○○○。今日良辰吉時前來○○宮敬拜，祈請玉皇大天尊以及諸天過往神佛保佑今天敬拜事宜一切圓滿順利。弟子○○○叩上。

點香

朝外拜天公

入廟拜主神

一一向廟中各神問好

這點很重要

如果已經有引導神的話，在奉香拜請時也要呼請自己的引導神之名。

3 朝外拜完天公，再入廟拜主神。

稟告的方式和上面一樣，只是呼請的神明不同，稱呼改變而已。

4 配祀神由右而左（面向神明）、由前而後、由低樓層往高樓層拜。

配祀神也要一一稟告，說法和上面一模一樣，也是呼請的神明不同而已。

這點很重要

- 不要嫌麻煩，眾神都知道你今天的來意之後，對於你的請求也會處理得快一些。
- 一般拜拜順序是從低樓層一樓往上拜，但每座廟可能有不同順序，廟中若有路線圖，那麼就按照廟中的拜拜順序就可以了。

所有神明都請安過後，便可依據今日所要求的事情，到特定神明前面，拿出稟文慢慢稟告了。例如：

今日欲求西王金母做主賜予好姻緣，便可到西王金母案前慢慢訴苦細細請求了。

單元 二

這樣拜才開運

◆

天赦

◆

地赦

◆

天地度化

◆

化個人業力

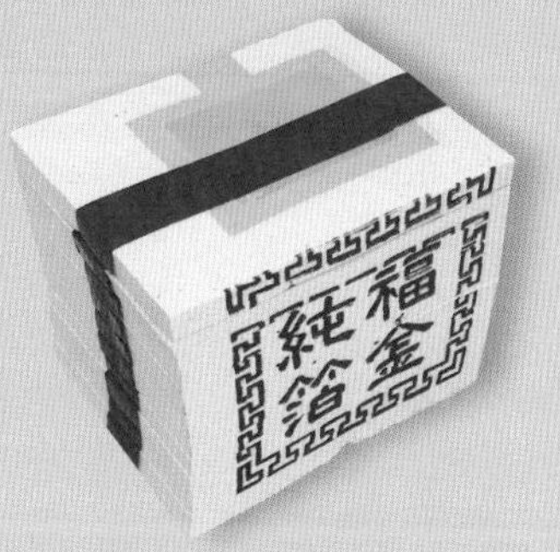

單元 二

這樣拜才開運

天赦

想要打開運勢，首先必須清除前方障礙。人生中的障礙可能來自過去因果，因此辦理「三赦」可說是開運的關鍵步驟。其中「天赦」赦的是什麼？簡單來說就是赦免「原罪」。

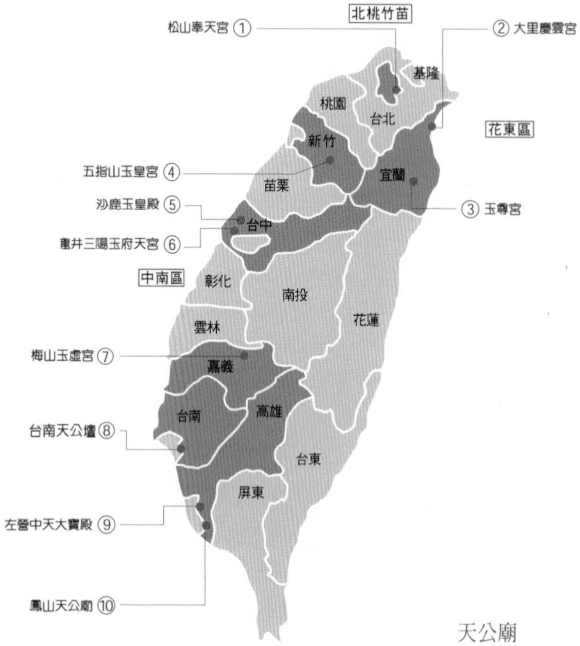

天公廟

哪裡辦

供奉主神是玉皇大帝的廟宇，就可以辦理天赦事宜。

① 台北市，松山奉天宮
② 宜蘭縣，大里慶雲宮金天公
③ 宜蘭縣，玉尊宮
④ 新竹縣，五指山玉皇宮
⑤ 台中縣，沙鹿玉皇殿
⑥ 台中縣，龍井三陽玉府天宮
⑦ 嘉義市，玉虛宮
⑧ 台南市，天公壇
⑨ 高雄市，左營中天大寶殿
⑩ 高雄縣，鳳山天公廟

何時辦

・天公壽誕日（農曆正月初九）。

・天赦日（農民曆上有寫「天赦日」即是）。

・農曆初一或十五，中午一點以前。

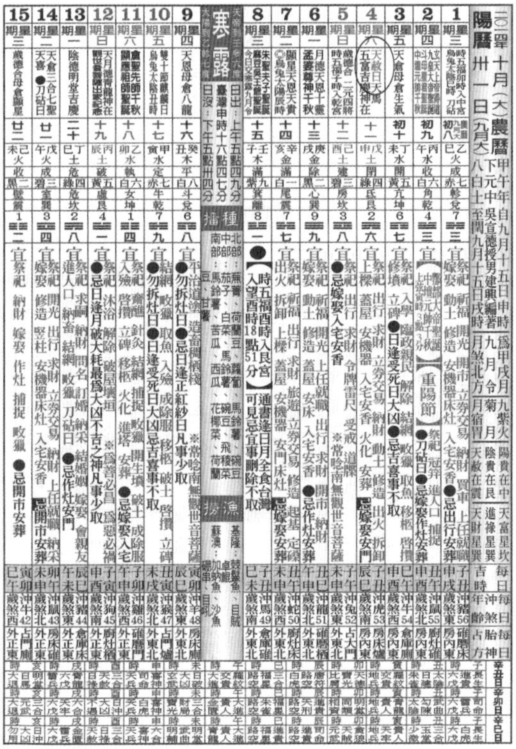

翻找農民曆上有「天赦日」的時間去最好。

這點很重要

許多人會特地找天赦日前往天公廟辦理天赦，但一年中天赦日只有四天，因此若時間上不允許，每個月的初一或十五前往辦理也是很好的。

準備物品

1

花一對、紅燭一對、五種水果一份。

2

廟方紙錢六份。

3

刈金十支（中南部地區可用九金和四方金代替）。

4

壽生錢一刀。

5

補運錢十支。

6

奉香拜請 玉皇大天尊 在上

弟子王小明，出生時間民國八十八年農曆八月八日，現居台北市福德街八十八號，今日良辰吉時，備辦四品禮物：四色金六份、刈金十支、壽生錢一刀、補運錢十支，誠心祈求玉皇大天尊開赦天恩，賜弟子時來運轉，財源亨通，[illegible]，並祈祝本廟香火旺盛，玉皇大天尊神威顯赫。

弟子王小明 百拜上申

中華民國一〇三年 [illegible] 月九日

用黃紙書寫稟文一張，直書橫書均可。

這點很重要

- 稟文可以用影印的，只要在姓名處蓋上自己的大拇指印，同樣男生用左手、女生用右手蓋就可以了。
- 若是金紙數量多，只要在金紙的四個邊上畫過去、沾上大拇指印就可以了。

天赦步驟

辦天赦之前

辦理天赦之前，找一天到供奉玉皇大帝的廟，擲筊請示玉皇大帝是否願意幫你開赦天恩。

⬇

聖筊：可以！擇一天再到廟裡來辦天赦。

笑筊：再問一次。

蓋筊：先回家，改天再來問。

辦理天赦步驟

1 獻花、獻果、放好金紙、點香。

⬅

2 先朝外拜天公，說明今天來意。

⬅

3

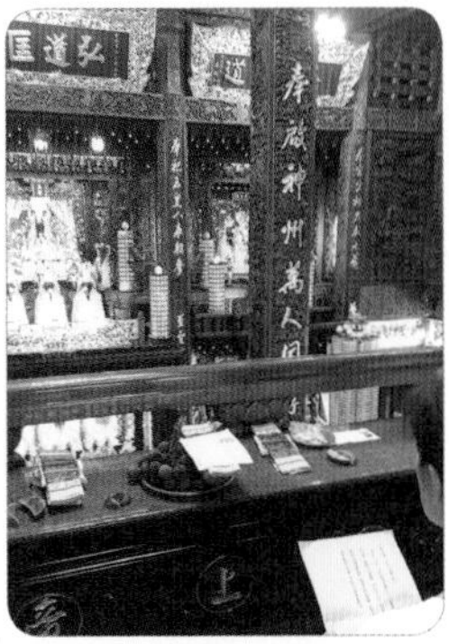

進入廟中跪於玉皇大帝面前，將稟文拿出來原文照唸，稟完之後，再將香插上。

奉香拜請玉皇大帝在上：

弟子○○○，出生時間民國○○農曆○○月○○日，現住在○○○○○○○○○○○○○○。今日良辰吉時，備辦四品禮物：四色金六份、刈金十支、壽生錢一刀、補運錢十支，誠心祈求玉皇大天尊開赦天恩，賜弟子時來運轉、財源亨通。若蒙垂憐，必當竭心向善以彰神威，並祈祝本廟香火旺盛，玉皇大天尊神威顯赫。

弟子○○○百拜上申

中華民國○○○年○○月○○日

4 向玉皇大帝稟報完畢之後，一一向廟中眾神稟報今天來意。例如偏殿有觀音菩薩：

觀音菩薩在上，弟子○○○於今日良辰吉時，備辦四品禮物：四色金六份、刈金十支、壽生錢一刀、補運錢十支，前來○○宮誠心祈求玉皇大天尊開赦天恩，賜弟子時來運轉、財源亨通。在此並祈祝本廟香火旺盛，觀音菩薩神威顯赫。弟子○○○叩上。

5 與眾神一一報告之後，稍待十分鐘。

6

十分鐘後，跪於玉皇大帝面前，把稟文內容再說一次。接著說：

弟子無知怕有所怠慢，請示天公今天所準備的紙錢份量是不是足夠爲弟子開赦天恩？

聖筊：圓滿，不需增加。

笑筊：再問一次。

蓋筊：逐一詢問紙錢數量。

7

逐一詢問紙錢數量是否足夠，每稟一樣就擲一次筊。例如：

請示刈金十支夠不夠？請賜杯明示。

聖筊：刈金十支圓滿。接著問：壽生錢一刀夠不夠？

笑筊：再問一次。

蓋筊：再增加三支，刈金十三支是否足夠？

如果一直都是蓋筊，就以三的倍數往上加，直到變成聖筊。

8

紙錢的數量全都確定後，再休息十分鐘。

9 十分鐘後，擲筊請示玉皇大帝是否圓滿，可不可以燒紙錢？

今日感謝天公做主爲弟子開赦天恩，如果一切圓滿，是否可以奉化紙錢？

聖筊：圓滿，拿著金紙拜一拜，便可去化寶（燒紙錢）了。

笑筊：再問一次。

蓋筊：稍待五分鐘之後再來問一次。

10 若還是蓋筊，可到廟方櫃檯寫一張功德單（金額隨喜），拿著功德單對玉皇大帝說：

弟子〇〇〇感謝玉皇大帝開恩赦罪，特添香油錢〇〇元以表心意，再次感謝玉皇大帝慈悲，並祝香火鼎盛神威顯赫。如果一切圓滿可以燒化紙錢，請賜一聖筊。

11 大功告成。一周之後，再繼續辦理地赦事宜。

這點很重要

- 除了廟金或四色金之外，其餘的紙錢都要蓋上大拇指手印，同樣是男左女右。
- 三赦必須親自辦理，無法由別人代辦，連兄弟姊妹也不行。唯一例外是子女可以幫父母辦三赦。所謂百善孝爲先，有孝之人最能感動神明，誠心請求，無有不應。

單元

二

這樣拜才開運

地赦

請求地藏王做主，化解在每一次輪迴中所結下的各種『債務關係』，清除與冤親債主間的業力干擾。

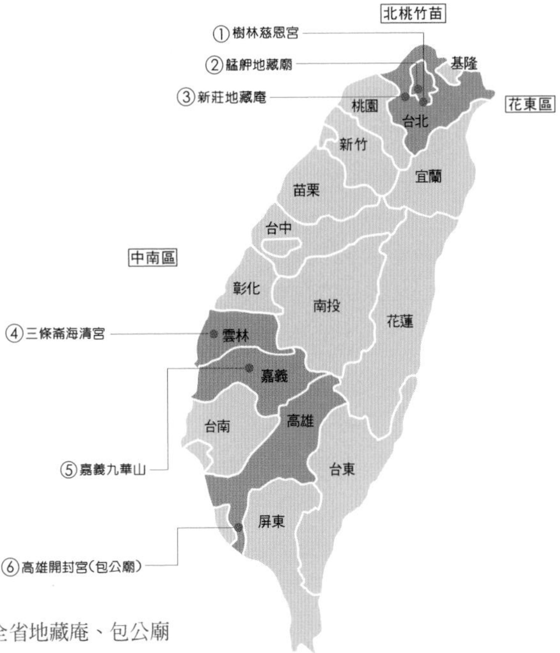

全省地藏庵、包公廟

哪裡辦

供奉地藏王菩薩、包公的廟宇，就可以辦理地赦事宜。

① 台北縣，樹林鎮慈恩宮
② 台北市，艋舺地藏廟
③ 台北縣，新莊地藏庵（大眾廟）
④ 雲林縣，包公祖廟海清宮
⑤ 嘉義市，九華山地藏庵
⑥ 高雄縣，大寮開封宮包公廟

何時辦

辦完天赦一周之後。

準備物品

1

花一對、紅燭一對、五種水果一份。

2

廟方紙錢六份。

3

大銀三十支。

4

小銀三十支。

5

刈金十支。

6
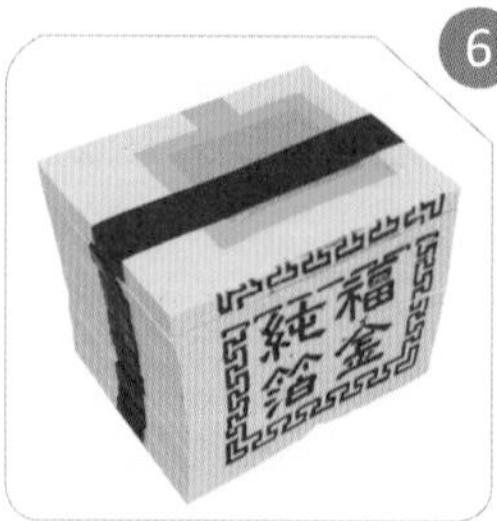

福金二十支。

7
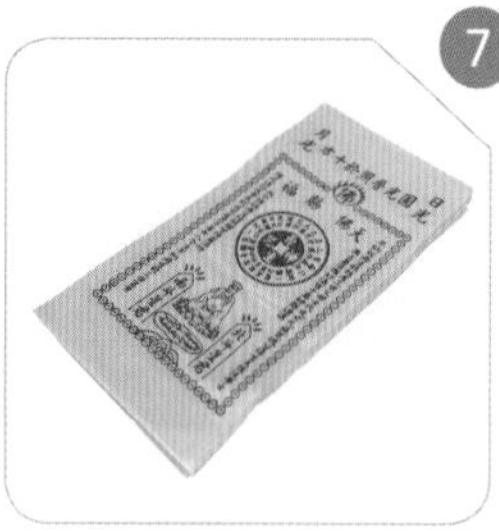
佛祖金一刀。

8

壽生錢一刀。

9
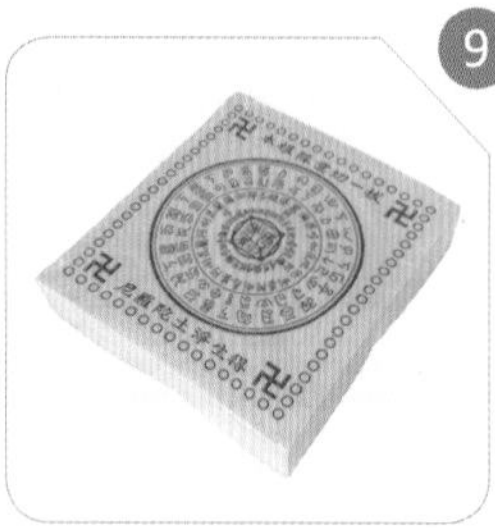
往生錢一刀。

17

庫錢三箱。

18

壽生蓮花十八朵。

19

往生蓮花三十六朵。

13

黃錢三支。

14

白錢三支。

15

巾衣三支。

16

甲馬三支。

10

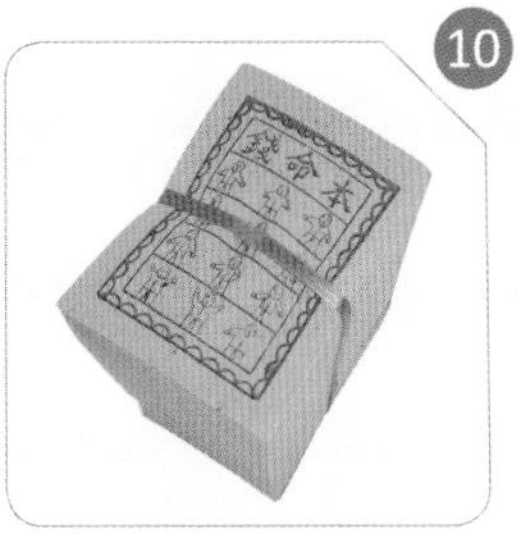

本命錢一刀。

11

地藏金十支。

12

壽金十支。

地赦步驟

辦地赦之前

辦理地赦之前，找一天到供奉地藏王的廟，擲筊請示地藏王菩薩是否願意幫你開恩赦罪。

聖筊：將準備的金紙數量一一稟報，確定數量之後，回家準備妥當，擇期再到廟裡來辦地赦。

笑筊：再問一次。

蓋筊：先回家，改天再來問。

這點很重要

擲到蓋筊別憂心，也別多心認爲地藏王菩薩不願意幫你開恩赦罪，可能是之前的天赦還有些「程序」沒走完，耐心等一等，改天再來問就行了。

辦理天赦步驟

1 獻花、獻果、放好金紙、點香。

2 先朝外拜天公，說明今天來意。

3 進入廟中跪於地藏王菩薩面前，將稟文拿出來原文照唸，稟完之後，再將香插上。

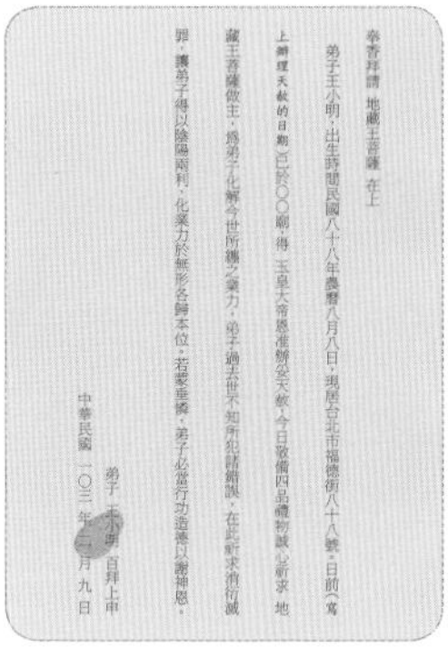
奉香拜請 地藏王菩薩 在上
弟子王小明，出生時間民國八十八年農曆八月八日，現居台北市福德街八十八號。日前（寫上辦理天赦的日期）已於○○廟，得 玉皇大帝恩准辦妥天赦，今日敬備四品禮物誠心祈求 地藏王菩薩做主，為弟子化解今世所纏之業力，弟子過去世不知所犯諸錯誤，在此祈求消衍滅罪，讓弟子得以陰陽兩利，化業力於無形各歸本位，若蒙垂憐，弟子必當行功造德以謝神恩。
弟子 王小明 百拜上申
中華民國 一〇三 年 二 月 九日

奉香拜請地藏王菩薩在上：

弟子〇〇〇，民國〇〇年農曆〇〇月〇〇日生，現居〇〇〇〇〇〇〇〇〇〇。日前（寫上辦理天赦的日期）已於〇〇宮廟，得玉皇大帝恩准辦妥天赦，今日敬備四品禮物誠心祈求地藏王菩薩做主，為弟子化解今世所纏之業力。弟子過去世不知所犯諸錯誤，在此祈求消衍滅罪，讓弟子得以陰陽兩利，化業力於無形各歸本位。若得垂憐，未來弟子必當行功造德以謝神恩。

弟子〇〇〇百拜上申

中華民國〇〇〇年〇〇月〇〇日

4 一一向廟中衆神稟報今天來意，然後稍待十分鐘。

5 十分鐘後，跪於地藏王菩薩面前，把稟文內容再說一次。接著說：

弟子無知怕有所怠慢，請示地藏王菩薩今天所準備的紙錢份量是不是足夠為弟子開恩赦罪？

聖筊：圓滿，不需增加。
笑筊：再問一次。
蓋筊：逐一詢問紙錢數量。

6 逐一詢問紙錢數量是否足夠，每稟一樣就擲一次筊。例如：
請示大銀三十支夠不夠？請賜杯明示。
聖筊：大銀三十支圓滿。接著問下一樣：「小銀三十支夠不夠？」
笑筊：再問一次。
蓋筊：「再增加三支，大銀三十三支是否足夠？」
如果一直都是蓋筊，就以三的倍數往上加，直到變成聖筊。

這點很重要

辦地赦的紙錢數量比較多，如果一次無法準備那麼多也別擔心，可以在紙錢數量全部問完之後，再擲筊問地藏王菩薩說：「弟子誠心欲請地藏王菩薩做主為弟子開恩赦罪，無奈弟子無力一次負擔，是否可請地藏王菩薩恩准分三次辦理？」
聖筊：可以。將紙錢分三次前來辦理。不過每次還是要準備六份廟金，且每次都要準備五果才行。
笑筊：還在思考，再問一次。
蓋筊：再確認次數，只要誠意相求，神尊莫不應允。

7 紙錢的數量全都確定後，再休息十分鐘。

8 十分鐘後，擲筊請示地藏王菩薩是否圓滿，可不可以燒紙錢？

今日感謝地藏王菩薩做主爲弟子開恩赦罪，如果一切圓滿，是否可以奉化紙錢？

聖筊：圓滿，拿著金紙拜一拜，便可去化寶了。

笑筊：再問一次。

蓋筊：稍待五分鐘之後再來問一次。

9 大功告成。向諸神鞠躬感謝今次鼎力相助。一周之後，再繼續辦理天地度化事宜。

這點很重要

地赦要用的紙錢比較多，除了廟金，所有金紙和蓮花都要蓋手印，同樣是蓋男左女右大拇指印。

蓮花的上下座都要蓋一個大拇指印，同樣男左女右。

單元

二

這樣拜才開運

天地度化

天地度化是「三赦」的最後步驟，請神明做主，業力淨化，化惡緣為善緣，圓滿正面能量。

觀音廟

哪裡辦

供奉觀音菩薩的廟宇都可辦理天地度化。

①台北市，萬華龍山寺

②台北縣，觀音山凌雲禪寺

③台北縣，林口竹林山觀音寺

④宜蘭縣，爐源寺

⑤彰化縣，竹塘慈航宮

⑥嘉義縣，半天岩紫雲寺

⑦台南縣，關仔嶺碧雲寺

⑧高雄縣，內門紫竹寺

何時辦

辦完地赦一周之後。

準備物品

花一對、紅燭一對、五種水果一份。

廟方紙錢六份。

壽生蓮花三朵。

補運錢三十支。

手珠一串（材質不拘）。

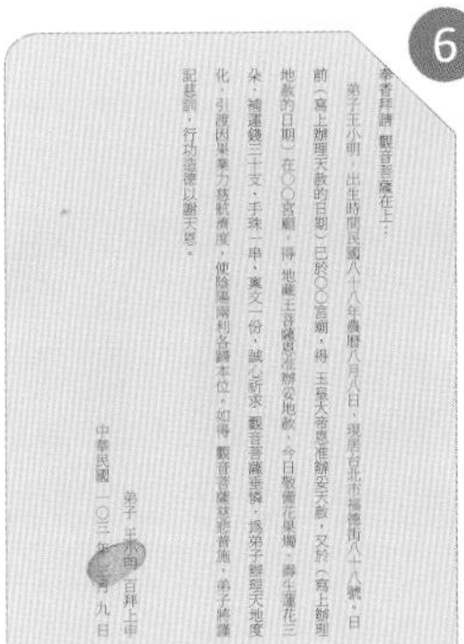

奉香拜請 觀音菩薩在上：

弟子王小明，出生時間民國八十八年農曆八月八日，現居台北市福德街八十八號，日前（寫上辦理天赦的日期）已於〇〇宮廟，得 玉皇大帝恩准辦妥天赦，又於（寫上辦理地赦的日期）在〇〇宮廟，得 地藏王菩薩恩准辦妥地赦，今日敬備花果燭，壽生蓮花三朵，補運錢三十支，手珠一串，稟文一份，誠心祈求 觀音菩薩垂憐，為弟子辦理天地度化，引渡因果業力慈航濟度，使陰陽兩利各歸本位，如得 觀音菩薩慈悲普施，弟子將謹記慈訓，行功造德以謝天恩。

弟子 王小明 叩拜上申

中華民國 一〇三年 月九日

用黃紙書寫稟文一張，直書橫書均可。

這點很重要

手珠不要燒化也不用帶走，留在供桌上就可以了。

天地度化步驟

1 獻花、獻果、放好金紙和手串、點香。

2 先朝外拜天公，說明今天來意。

奉香拜請玉皇大帝暨諸天過往神佛在上，弟子〇〇〇，出生時間民國〇〇農曆〇〇月〇〇日，現住在〇〇〇〇〇〇〇〇〇〇〇〇。今日良辰吉時前來〇〇觀音廟，祈求觀音菩薩做主爲弟子辦理天地度化，在此稟明並祈求今日辦理圓滿順利。弟子〇〇〇叩上。

3 進入廟中跪於觀音菩薩面前，將稟文拿出來照唸，稟完之後，再將香插上。

奉香拜請觀音菩薩在上：

弟子〇〇〇，民國〇〇年農曆〇〇月〇〇日生，現居〇〇〇〇〇〇〇〇〇〇。日前（寫上辦理天赦的日期）已於〇〇宮廟，得玉皇大帝恩准辦妥天赦，又於（寫上辦理地赦的日期）在〇〇宮廟，得地藏王菩薩恩准辦妥地赦，今日敬備花果燭、廟金六份、壽生蓮花三朵、補運錢三十支、手珠一串、稟文一份，誠心祈求觀音菩薩垂憐，爲弟子辦理天地度化，引渡因果業力慈航濟度，使陰陽兩利各歸本位。如得觀音菩薩慈悲普施，弟子將謹記慈訓，行功造德以謝天恩。

弟子〇〇〇百拜上申

中華民國〇〇〇年〇〇月〇〇日

4

去櫃檯寫一張功德單，金額隨喜，將功德單和紙錢放在一起。

5

靜待十分鐘。然後向觀音菩薩擲筊請示今日是否圓滿？

聖筊：圓滿，不需增加。

笑筊：再問一次。

蓋筊：再逐一詢問紙錢數量。

6

確認紙錢數量後，再擲筊問是否可以燒化。若是蓋筊，可能還在處理中，十分鐘後再問一次。

7

大功告成。向觀音菩薩鞠躬道謝，有空可常前來參拜。

這點很重要

現在因環保規定，很多廟宇都不允許燒化金紙、或者有數量限制。如果你去的廟宇神明願意幫你辦理天赦、地赦、天地度化，但卻不能燒金紙，那就只好用「借爐」來處理了。

借爐做法：

1 向神明稟告因廟裡不准燒金紙，所以想借A廟的爐來燒化，若可以請賜一聖筊。

聖筊：可以。接著到A廟擲筊請示，是否能讓你借爐燒化金紙。

笑筊：再問一次。

蓋筊：A廟不行，再換一間問問看。

2 若神明答應可到A廟燒化金紙，而A廟的神明也同意了，除了把金紙搬到A廟來燒之外，也要記得同時準備三份廟金和五果前來，如此可表謝意、亦可結下美好的善緣。

單元

二

這樣拜才開運

化個人業力

好的業力稱做福報，不好的稱做惡報。業力會阻礙前程、錢途、感情、健康、甚至人生機運。但業力也像負債一樣，有心就可償還，誠心求神做主化清業力，就能將厄運轉福報，翻身得到出頭天。

哪裡辦

供奉地藏王菩薩或閻羅天子（包公）的廟宇。

① 台北縣，新莊地藏庵（大眾廟）
② 台北縣，樹林鎮慈恩宮
③ 台北市，艋舺地藏廟
④ 嘉義市，九華山地藏庵
⑤ 雲林縣，包公祖廟海清宮
⑥ 高雄縣，大寮開封宮包公廟

這點很重要

- 辦地赦或化業力，還是在中午前辦完比較合適。
- 業力等於障礙，只有去除障礙才能迎接財富、好姻緣、好前途，因此不是辦一次就一勞永逸。
- 化業力和地赦一樣，若覺得金紙數量太多無法負荷，可擲筊斟酌減少，多辦幾次也可以得到一樣效果。

何時辦

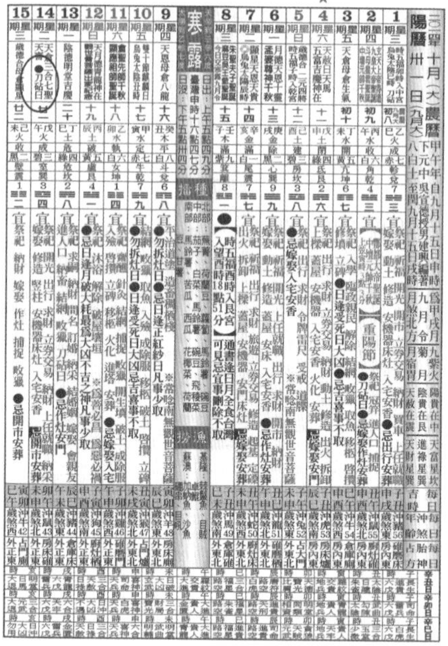

「刀砧日」最佳。最是可以靜思己過、請求將功補過化解業力的好日子。

準備物品

花一對、五種水果一份。

大箔壽金二十支。。

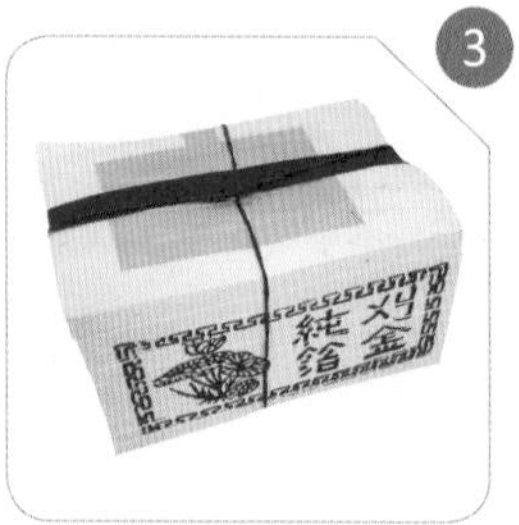

刈金六十支。

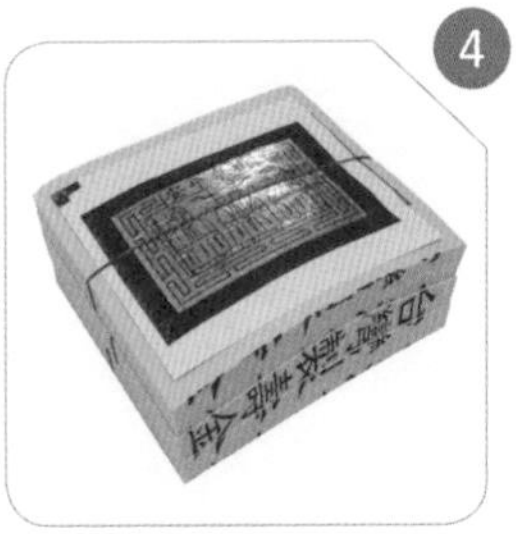

壽金三十支。

福金六十支。

大銀四十支。

小銀二十支。

黃錢三十支。

白錢三十支。

巾衣四十支。

甲馬三十支。

壽生蓮花三十六朵。

13

往生蓮花二一六朵。

14

補運錢三十支。

15

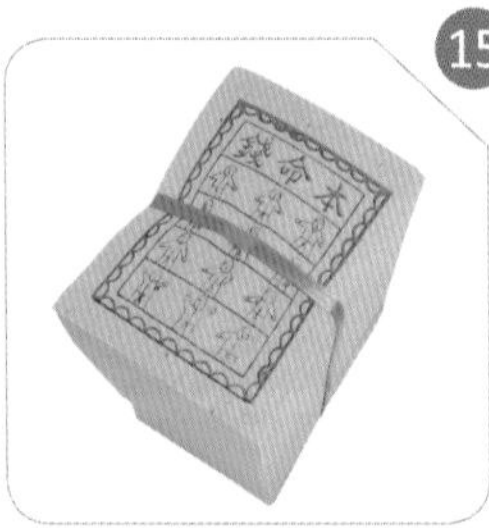

本命錢三十支。

16

天官錢十支。

17

地官錢十支。

18

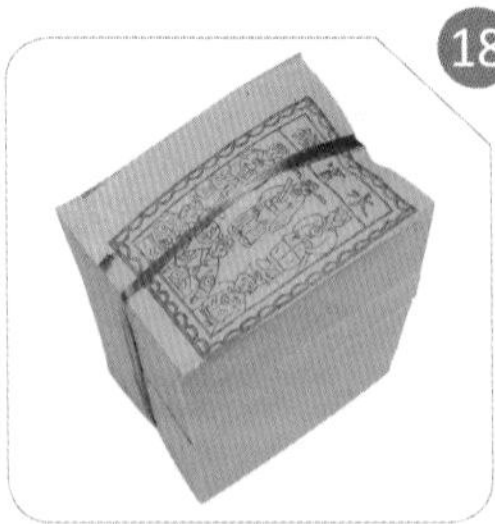

水官錢十支。

19

奉香拜請地藏王菩薩在上

弟子王小明，出生時間民國八十八年農曆八月八日，現居台北市福德街八十八號，今日良辰吉時誠心祈求神威辦理今次個人業力，祈求神威顯赫開赦個人業力因果，若蒙神恩漂拔業力轉化冥陽兩利，今後必當以聖尊之名行功造德答叩神恩。

備辦四品敬請鑒納：

（將確認好的金紙與數量，一一寫在這裡）

上呈

地藏庵　地藏王菩薩

慈鑒

弟子　王小明　百拜上申

中華民國　一〇三　年　二　月　九　日

用黃紙紅筆書寫稟文一張。

這點很重要

以上是參考數量，實際辦理時可一項一項擲筊請示增減。

化個人業力步驟

1 獻花、獻果、放好金紙、點香。

⬅

2 先朝外拜天公。

奉香拜請玉皇大帝暨諸天過往神佛在上，弟子〇〇〇，出生時間民國〇〇農曆〇〇月〇〇日，現住在〇〇〇〇〇〇〇〇〇〇〇〇〇〇。今日前來祈求地藏王菩薩做主爲弟子轉化個人業力，請玉皇大帝庇佑今日辦理事宜圓滿順利。弟子〇〇〇叩上。

⬅

3 入廟跪於地藏王菩薩面前，稟告：

奉香拜請地藏王菩薩在上，弟子〇〇〇，出生時間民國〇〇農曆〇〇月〇〇日，現住在〇〇〇〇〇〇〇〇〇〇〇〇〇〇。今日刀砧日誠心祈求神威辦理今次個人業力，祈求神威顯赫開赦個人業力因果，若蒙神恩加披業力轉化冥陽兩利，今後必當以聖尊之名行功造德答叩神恩。弟子〇〇〇叩上。

⬅

4 再到其他神明面前稟告祈求順利。

⬅

5 休息二十分鐘。最好可跪於神明案前，一來誠心懺悔，二來也可洗滌穢氣。

6 二十分鐘後，點三炷香，到地藏王面前請示金紙數量是否足夠，全部一次唸完後擲筊。

聖筊：圓滿。

笑筊或蓋筊：一樣一樣問數量，圓滿的就繼續問下一樣；若是蓋筊，則以三支往上加。

7 每一樣都確認數量後，重新總稟一次：

奉香拜請地藏王菩薩在上：

弟子○○○，出生時間民國○○農曆○○月○○日，現住在○○○○○○○○○○。今日良辰吉時誠心祈求神威辦理今次個人業力，祈求神威顯赫開赦個人業力因果，若蒙神恩澤披業力轉化冥陽兩利，今後必當以聖尊之名行功造德答叩神恩。

備辦四品敬請鑒納：

（將確認好的金紙與數量，一一寫在黃色稟文上）

上呈

地藏庵　地藏王菩薩

慈聞

弟子○○○百拜上申

中華民國○○○年○○月○○日吉時

這點很重要

每一項金紙數量都已確認，但總稟的時候一直擲不到聖筊，這時可擲筊請示是否需要再辦一次。

聖筊：表示還要重新辦一次。

笑筊：再問一次。

蓋筊：請示是否有所不足→若是，則再擲筊請示添加功德單（金額隨喜）是否圓滿？
若可以請賜一聖筊。

8 總稟完畢，數量全部確認後，插香。然後三跪九叩答謝神恩。

這點很重要

三跪九叩，是指雙手合十、下跪、磕三次頭再起身，總共重複做三次。

9

稍事休息十分鐘，再擲筊問是否可以化寶。

10

化寶完畢臨行前，再向地藏王及諸神答謝，即可打道回府。

單元 三

這樣拜才轉運

◆

求好運，最該先拜的是祖先

◆

找自己的引導神指引方向

◆

覺得最近運氣差該怎麼拜

單元
三
這樣拜才轉運

求好運，最該先拜的是祖先

祖先與子孫是血緣至親，一個人若時運不濟，最可能伸出援手的還是自己的父母長輩。因此求好運時，誠心向祖先祈求，祖先若知必會運用各種力量幫助子孫尋找有利的機會。

何時辦

過年、清明、端午、中元、重陽等五節日。

這點很重要

家中設有祖先牌位的話，每天供上鮮果、早晚各上一炷香即可。一年只有在五節：過年、清明、端午、中元、重陽時才供拜牲禮。

準備物品

1

豬肉、魚肉、雞肉（豬肉可以用五花肉一塊，魚和雞則需要頭尾俱全）。

大銀二十支。

小銀十支。

巾衣一支。

銀元寶三百個。

壽生蓮花三十六朵。

往生蓮花七十二朵。

庫銀六箱。

病符錢二十一支。

這點很重要

・是否一定要準備三牲並沒有硬性規定。若家中長輩一貫供拜水果或素食，那麼遵循長輩習慣即可。

・庫銀就是庫錢。

・在庫銀箱子上，用黑筆寫：○○家祖先領收，用紅筆寫：陽世子孫○○○送。

祭祖重點

1 依循長輩習慣、或是靈骨塔的流程指示

有些家族有祠堂、有共有墓地、或是祖先安居於靈骨塔。各地習俗不同，但無論在何處，祭拜時依循長輩習慣、或是靈骨塔的流程指示即可。

2 恭敬稟報近況和困難

祭拜祖先如同面見父母一樣，一年只能見五次，必須把握時機，恭敬地奉稟目前所發生的事。例如工作不順利、想創業但沒資金、子女叛逆讀書成績差等，然後再請祖先幫忙想辦法。

3 拜祖先是求好運、找貴人、求出路的必要步驟

當你的意念發射出去後，祖先收到你的請求，就會將平常你燒化給他們的紙錢，轉爲「公關運轉」資金，在虛空中幫你尋找機會和貴人。

若是祖德累積很多，祖先會直接將祖德轉化爲陽世所需的錢財幫助子孫；如果祖德稍弱，祖先無法驅動功德財，祂們接獲你的求援後，也會積極的幫你找出路，這就是敬拜祖先祕訣所在。

單元

三

這樣拜才轉運

找自己的引導神指引方向

引導神，就是今生運勢的守護神。

找到自己的引導師尊，締結深厚緣分，人生之路有師尊引導，低潮時有神拉你一把，或賜予鹹魚翻身的機會。日後亦可請求引導神為你進行補財庫、進財庫、開財庫的步驟。

去哪找

靜心想想，腦中首先浮現的是哪一尊神？或是對哪一尊神特別感到親切？既然心有所感，直接前往有供奉這尊神明的廟宇擲筊請示即可。

這點很重要

- 一時找不到自己的引導神也不需心急，許多人都是問過很多間廟、或是很多神尊之後，才找到自己的引導神。
- 最重要的是，尋找引導神時，最好找香火鼎盛的大廟。

準備物品

1

花一對、燭一對、五種水果一份。

2

廟方紙錢三份。

3

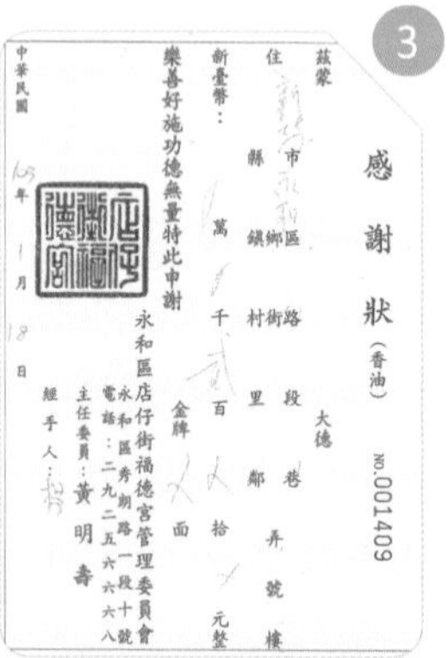

感謝狀（香油） NO.001409

茲蒙 大德

住 市區 鄉鎮 村里 街路 段 巷 弄 號 樓 鄰

新臺幣： 萬 千 百 拾 元整

金牌 面

樂善好施功德無量特此申謝

永和區店仔街福德宮管理委員會

永和區秀朗路一段十號

電話：二九二五六六六八

主任委員：黃明壽

經手人：

中華民國 年 月 日

功德單一張（功德金隨意）。

尋找引導神步驟

1 獻花、獻果、放好金紙、點香。

2 按照一般拜拜順序敬拜即可。

朝外拜天公→入廟拜主神→逐一拜廟中衆神→插香。

3 取十二炷香，對著你所想請示的神明稟告：

奉香拜請○○○神尊在上，弟子○○○，民國○○年農曆○○月○○日吉時出生，現居○○○○○○○，今以十二炷香上達天聽，請示是否爲弟子的引導神，若是弟子本命靈源引導神，請連賜弟子三聖筊。

4 笑筊或蓋筊：代表你的引導神不是祂，或是你的引導神是其他廟宇的神尊。

例如：你請示的是松山奉天宮的玉皇大帝，但其實其他廟宇的玉皇大帝才是你的引導神。

5 連續三聖筊：你問的神明就是你的引導神！接著開始進行第一次接引導神的儀式。

接引導神步驟

1 再點三十六炷香，先朝廟外的藍天奉請神佛蒞臨：

奉香拜請玉皇大天尊暨諸天過往神佛在上，弟子○○○，民國○○年農曆○○月○○日吉時出生，現居○○○○○○○○，日前已經辦妥三赦，並在○○神的連續三聖筊指示下，成爲弟子今生的本命靈源引導神。今日敬備花果燭，以三十六炷清香前來接駕，奉請玉皇大天尊暨諸天過往神佛明察證納，爾今且後在引導神明確指引下，以仁愛爲本厚德爲功，助我本命清靈今世諸事順遂，弟子必當竭誠盡力與引導神尊普世濟施、利己達人、共赴聖明。弟子○○○叩上。

2 入廟奉拜你的引導神。以關聖帝君為例：

奉香拜請○○宮（廟）關聖帝君在上，孩兒○○○民國○○年○○月○○日吉時出生，現居○○○○○○○○○○○○，今已經辦妥三赦，今日以三十六炷天香恭請聖尊接引弟子今生的本命靈源，弟子過去世不知、今世不知、肉體不知所犯諸錯誤，在此祈求聖尊本於仁德聖懷，爲孩兒開恩赦罪，懇請賜予孩兒重新之機，未來在師尊帶領之下，讓孩兒能夠家宅平安、事業順利、財源廣進、貴人扶持、小人遠離，行有餘力必當以師尊之名行功造德，復古收圓、濟世利生答謝聖恩。孩兒○○○叩上。

3 插香。接著跪於神尊之前約二十分鐘。

這點很重要

・跪的時候全心放鬆，觀想引導神像的眉心透出一道白氣，自你的眉心穿入體內，感受這道白氣周流全身。
・至少需跪二十分鐘，越久越好。

4 二十分鐘後，三跪九叩，誠心表示對引導神的感謝和尊敬。

這點很重要

請求神明做主爲你辦理任何事宜，最後都要三跪九叩以示感謝。

5 逐一再向廟裡眾神稟報此事以示尊重。

6 大功告成，將紙錢和功德單一起燒化。再向引導神及眾神答謝後即可離廟，等待第二次、第三次接駕。

這點很重要

- 接引引導神，必須連續做三次，每次相隔一周以上，一年內必須全部做完，此後經常性地不定期前往參拜，就可增加彼此的感應能力。
- 每一次要接引導神都必須準備同樣的四品禮物，第四次以後就不需要，只要按一般的拜拜習俗前往參拜即可。

單元 三 這樣拜才轉運

覺得最近運氣差該怎麼拜

運勢總有高低起伏，覺得最近卡卡、不順、運氣差時，可請求神尊為你補充正面能量。

哪裡辦

奉拜斗姥星君的廟宇，請求斗姥爲你補運。

這點很重要

- 斗姥星君多爲配祀神，因此前往請求敬拜時，別忘了也要準備三份廟金給主神。
- 其實拜拜跟儲蓄一樣，定時前往請求斗姥星君庇佑，可保持運勢穩定、累積正面能量，就算有難也可出現貴人扶持、得到靈感智慧順利解決。

何時辦

日日是好日，但以早上時間最佳。

準備物品

1

花一對、紅燭一對、五種水果一份。

2

廟方紙錢三份。

3

補運錢十支。

這點很重要

- 補運錢上一定要記得寫上：姓名、出生年月日、地址、手印。
- 只要寫在最上面一張就可以了。
- 手印一樣是蓋男左女右的大拇指。

補運步驟

1 獻花、獻果。

2 將廟金放在主神供桌上。

3 將補運錢放在斗姥星君供桌上。

4 點香。

5 朝外拜天公，說明今天來意。

6 入廟拜主神、再與廟中眾神一一稟告今天來意。

7 插香。

8 跪在斗姥面前，說：

斗姥星君在上，弟子〇〇〇，民國〇〇年農曆〇〇月〇〇日吉時生，現居〇〇〇〇〇〇〇〇〇〇〇〇〇〇〇〇〇〇〇，今日敬備補運錢十支，祈請斗姥星君慈悲爲弟子補運，助弟子運勢大開、貴人扶持小人遠離，在此祈祝〇〇宮香火鼎盛，斗姥星君神威顯赫千秋萬世。弟子〇〇〇叩上。

9 休息十分鐘後，擲筊請示：

弟子無知怕有所怠慢，請示斗姥星君，今日所準備的紙錢份量是否足夠為弟子補運？

聖筊：圓滿，不需增加。

笑筊：可再問「請明確指示夠或不夠。」

蓋筊：「再增加三支補運錢可否？」一直增加直問到聖筊為止。

10 確認數量之後，別忘了三跪九叩，感謝斗姥為你補運。

11 休息十分鐘，再擲筊請示能否化寶。

12 大功告成，感謝斗姥庇佑，向廟中眾神鞠躬後打道回府。

這點很重要

- 若是今天無法補上金紙數量，可請示斗姥可否下次補上。
- 除非實在困難，不然都已經運勢不佳特地前來補運了，還是多走幾步路買齊比較好。
- 別小看補運效果，只要運勢平順，萬事皆能順心如意。

單元 四

這樣拜才有錢

◆

補財庫

◆

進財庫

◆

開財庫

◆

天地運財

◆

送窮神

◆

補庫、補運、補財常用金紙

單元

四

這樣拜才有錢

補財庫

財庫破漏就像無底洞一樣，不管賺多少錢，錢進來之後總會頻頻遭受意外，不得不把這筆錢花出去，有時甚至還要倒貼。補財庫便是修補財庫，讓財富不再漏光光。

從辦三赦（天赦、地赦、天地度化）到接引導神，全是開運、轉運的基本動作，一切準備做足之後，日後補庫、進財之路才能沒有障礙更加暢通。

哪裡辦

到引導神的所在廟宇，請求引導神做主辦理。

何時辦

麒麟日最佳。一年之中有很多「麒麟日」，每逢「麒麟日」便可請引導神幫忙修補財庫漏洞。

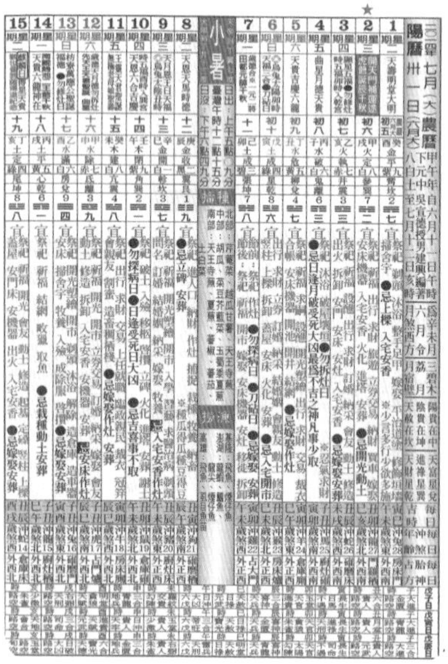

麒麟日

準備物品

花、果、燭。

廟金十二份。

防風小蠟燭十二支。

古銅錢五個。

刈金三十支。

福金三十支。

壽生蓮花三十六朵。

壽生錢三十支。

黃錢十支。

白錢十支。

巾衣十支。

甲馬十支。

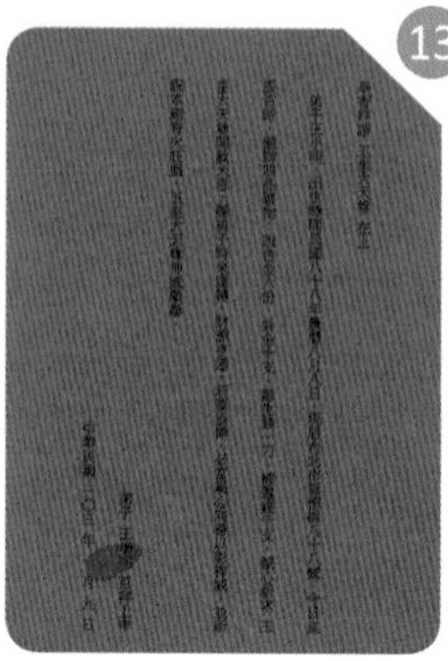

用紅紙黑筆寫一份稟文。

這點很重要

辦理天赦、地赦、天地度化等事宜時用的是黃紙，補庫、進庫、開庫等用的則是紅紙。

奉香拜請○○○○○（寫上你的引導神聖號）在上，弟子○○○民國○○年農曆○○月○○日吉時生，現居○○○○○○○○○○○○○，今日敬備：（一一寫下所有紙錢名稱和數量），祈請引導師尊爲弟子辦理補庫事宜，使弟子財庫有守、財不外漏。

弟子○○○叩上

補財庫步驟

辦補庫之前

選定「麒麟日」後，必須在「麒麟日」之前，前往引導神所在廟宇，請示是否可以幫你補財庫。

⬅

聖筊：獲得一個聖筊就可以回家著手準備了。

笑筊：再問一次。

蓋筊：下次再問。一年中有很多麒麟日，不用急於一時。

辦補庫步驟

1 獻花、獻果、放好金紙。

⬅

2 將十二個蠟燭圍成一圈盛在盤中，並將五帝錢放在圈圈中，蠟燭要點燃，然後點香。

⬅

3 先朝外拜天公，說明今日來意。

⬅

4 拿出稟文來向你的引導神稟告。

5 一一向廟內衆神稟告今日來意，祈求衆神庇佑今日補庫事宜圓滿順利。

6 插香。稍等十分鐘。

7 十分鐘後，再到引導神前把今日來意再說一次。接著擲筊請示：

弟子無知怕有所怠慢，請示〇〇神尊，今日所準備的紙錢份量是否足夠爲弟子補庫？

聖筊：圓滿，不需增加。

笑筊：可再問「請明確指示夠或不夠。」

蓋筊：逐一詢問紙錢數量。

8 若是蓋筊，同樣以三的倍數往上加，直到擲到聖筊。

9 全部數量確認後，再休息十分鐘。

10 到引導神前，詢問是否可燒化紙錢。

今日感謝引導神做主爲弟子補庫，如果一切圓滿，是否可以奉化紙錢？

聖筊：可以化寶了。

笑筊：再問一次。

蓋筊：五分鐘後再問一次。

11

化寶完畢，再到廟方櫃台寫功德單（金額隨喜）。

12

拿著功德單對引導神說：

弟子〇〇〇今日感謝引導神做主爲弟子補庫，特添香油錢〇〇〇元以表心意。再次感謝神尊慈悲，並祝香火鼎盛神威顯赫。

13

三鞠躬後將功德單化於香爐內，大功告成。

這點很重要

燒紙錢之前，記得把放在神桌上的五個古銅錢，在引導神的香爐上依順時鐘、逆時鐘各繞三圈，象徵引導神幫你守護五方財庫。

接著帶回家，可放於家中財位。

進財庫

補庫完畢，把財庫的漏洞補上之後，接著便是請求引導神將無形能量化為有形財富，助你引財入庫，讓財庫豐盈。

哪裡辦

到引導神的所在廟宇，請求引導神做主辦理。

何時辦

補庫完畢一個月之後，以擲筊方式向引導神請示能否爲你辦理進庫。日期則以鳳凰日最佳。

「鳳凰日」和「麒麟日」一樣，都可翻找農民曆查得。

準備物品

花、果、燭。

廟金十二份。

壽生蓮花一百零八朵。

壽生錢十支。

補運錢十支。

刈金三十支。

福金六十支。

黃錢十支。

白錢十支。

10 巾衣二十支。

11 甲馬二十支。

12 天庫錢一件。

13 水庫錢一件。

14 地庫錢一件。

這點很重要

- 進庫需要的紙錢乍看相當多，不過進庫就是要這麼多，以另一個角度思考，錢是沒人在嫌多的。
- 但如果預算有困難，也可以分三次或四次，分次在「鳳凰日」時進庫，只要將以上紙錢數量均分，而你的引導神同意即可。但記得每一次都得備足花果燭才行。

進財庫步驟

辦進庫之前

進庫是相當重要的關鍵步驟。在辦進庫之前，要找一天先到廟中請示引導神是否可以進庫，並且先擲筊將紙錢數量向引導神稟報。不足的要增加，過多的要減少，數量完全確認後再回家準備紙錢，等待「鳳凰日」時前往進庫。

辦理進庫步驟

1 獻花、獻果、放好金紙、點香。

⬇

2 先到櫃台寫好功德單（金額隨喜），然後和四品禮物一起放在供桌上。

這點很重要

功德單的空白處，用紅筆寫上：

以此功德迴向本日進庫順利圓滿，感謝眾神庇佑。

⬇

3 朝外拜天公。

⬇

4 向引導神稟告，說：

奉香拜請○○○○（寫上你的引導神聖號）在上，弟子○○○民國○○年農曆○○月○○日吉時生，現居○○○○○○○○○○○○，今日敬備：（一一唸出準備的紙錢名稱和數量），祈請引導師尊爲弟子辦理進庫事宜，將無形能量化爲有形財富，助弟子引財入庫。弟子○○○叩上。

這點很重要

進庫時不需要稟文，只要口頭向引導神稟告今日辦理事項即可。

5 向廟中衆神稟告今天來意。插香。

6 十分鐘後，擲筊請示引導神：

弟子無知，怕有所怠慢，請示○○神尊，今日所準備的紙錢份量是否足夠爲弟子進庫？

聖筊：圓滿，不需增加。

笑筊：可再問「請明確指示夠或不夠。」

蓋筊：逐一詢問紙錢數量。

7 若是蓋筊，同樣以三的倍數往上加，直到擲到聖筊。

這點很重要

之前已經問好紙錢數量了，但擲筊時數量卻要增加怎麼辦？如果臨時無法補上，可擲筊請示引導神：「是否可以下次再來補上？」若可以就下次再來，若不行，也可以詢問是否能用「借爐」的方式辦理。總之，誠心與神尊「對話」、請示，必定可得到明確指示。

8 全部數量確認後，再休息十分鐘。

9 到引導神前，詢問是否可燒化紙錢。

今日感謝引導神做主爲弟子進庫，如果一切圓滿，是否可以奉化紙錢？

聖筊：可以化寶了。

笑筊：再問一次。

蓋筊：五分鐘後再問一次。

10 化寶完畢之後，別忘了感謝引導神庇佑。三鞠躬後將功德單化於香爐內，大功告成。

單元
四
這樣拜才有錢

開財庫

「進庫」是請引導神把錢財補進你的財庫內，但這仍屬無形的、神界的財；就像要把外幣換成台幣，需要匯兌交換所一樣，進庫後，必須進行「開庫」，把天幣轉換成台幣，才能在「適當的時機」轉換成你可運用的財富。

哪裡辦

到天公廟，請玉皇大帝下的三官大帝做主爲你開庫。

何時辦

在進庫完後的一個月即可辦理。

這點很重要

前往辦理之前，找一天先去天公廟，擲筊請示三官大帝是否願意爲你辦理開庫。

聖筊：向三官大帝一一稟告紙錢數量，多則減，少則增加，確認後即可回家準備。

笑筊或蓋筊：時候未到，下次再來詢問；或者也可換一家詢問。

準備物品

花、果、燭。

廟金三份。

壽生蓮花六朵。

壽生錢一刀。

補運錢十支。

刈金十支。

福金十支。

黃錢三支。

白錢三支。

甲馬三支。

天庫錢三十支。

水庫錢三十支。

地庫錢三十支。

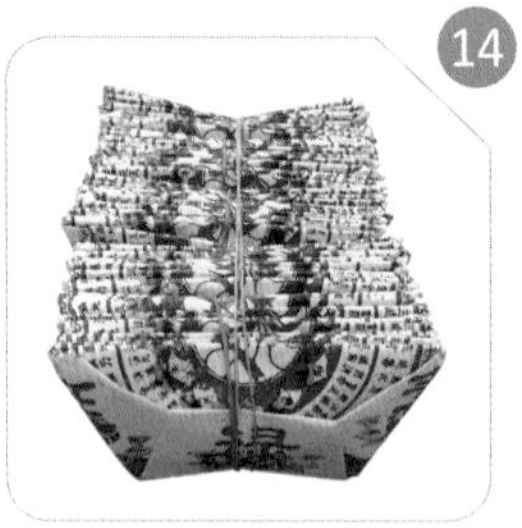

壽生元寶三百六十顆（最少，越多越好）。

這點很重要

- 壽生元寶三百六十顆聽起來很多，其實一包就有八十至一百顆，並不會太占空間。
- 重點是，壽生元寶也要蓋手印，一樣男左女右大拇指，數量多沒關係，只要每顆都沾到即可。

開財庫步驟

1 獻花、獻果、放好金紙、點香。

2 先到櫃台寫好功德單（金額隨喜），然後和上述四品禮物一起放在供桌上。

3 朝外拜天公，同時也要呼請你的引導神駕臨。

奉香拜請玉皇大帝及○○○○（你的引導神聖號）在上，弟子○○○，出生時間民國○○農曆○○月○○日，現住在○○○○○。今日良辰吉時前來○○廟，祈求三官大帝爲弟子辦理開庫事宜，在此稟明並祈求玉皇大帝和○○○○（你的引導神聖號）庇佑，今日辦理圓滿順利。弟子○○○叩上。

4 入廟祈求三官大帝開庫，說：

奉香拜請○○宮三官大帝在上、案上諸神佛在上，弟子○○○，民國○○年農曆○○月○○日吉時出生，現居○○○○○○。今日良辰吉時備辦四品禮物，在師尊○○神帶領下，前來祈求爲弟子辦理開庫事宜，祈請明察鑑納，將無形財化爲有形財，助弟子一臂之力得以人間事業圓滿，並能行有餘力、建功造德答叩天恩。謹此，再三叩拜。

5 向廟中衆神稟告今天來意。插香。

↓

6 稍等十分鐘後，到三官大帝前，請示是否可燒化紙錢。

今日感謝三官大帝做主爲弟子開庫，如果一切圓滿，是否可以奉化紙錢？

聖筊：圓滿！將蓮花、紙錢、元寶、功德單一併燒化即可。

笑筊：再問一次。

蓋筊：五分鐘後再問一次。

↓

7 化寶完畢之後，別忘了感謝三官大帝庇佑，三鞠躬後再打道回府。

↓

這點很重要

三庫是對個人財運很有幫助的做法，能夠每年做兩次以上，效果更佳。

單元

四

這樣拜才有錢

天地運財

福德正神肩負運送財務之責，可左右財富入袋的時間快慢，所以辦完求財三步驟：補庫、進庫、開庫之後，接下來便需祈請福德正神盡快幫你運財入庫了。

哪裡辦

・住家附近的土地公廟、或是經常去的土地公廟最好。

・大廟或香火鼎盛的廟宇內所配祀的福德正神，也是可以祈求的對象。

這點很重要

如果土地公廟的神桌髒亂不堪、乏人整理，那麼最好另找其他整潔明亮的土地公廟祈求。

何時辦

在開庫完後的一個月即可辦理。

準備物品

花、果、燭。

廟金三份。

福金十支。

黃錢三支。

白錢三支。

花生糖一包。

礦泉水。

這點很重要

- 黃錢和白錢是給虎爺的，放在虎爺面前即可。（可參考《這樣拜才有效》一書，春光出版．王品豊／著）。

天地運財步驟

1 獻花、獻果、放好金紙、點香。

⬅

2 朝外拜天公，同時也要呼請引導神駕臨。

⬅

3 入廟拜福德正神，說：

奉香拜請福德正神在上，弟子〇〇〇，民國〇〇年農曆〇〇月〇〇日吉時出生，現居〇〇〇〇〇〇〇〇〇〇〇〇，今日特來拜請福德正神運送天地財源，所備四品禮物敬請福德正神與虎爺大將軍采納，並祈助弟子財源順利興旺，特此稟報。

⬅

4 稟完後插香，稍待約十分鐘。

⬅

5 擲筊請示福德正神今日準備是否圓滿，能否燒化紙錢？

⬅

笑筊或蓋筊：五分鐘後再問。

再問還是笑筊或蓋筊，則請示是否數量不夠，若不夠則一一詢問增加；若不是不夠，則可能辦理時間較久，等一下再問。

⬅

6 聖筊，好好叩謝福德正神神恩，便可去化寶。接著取回礦泉水，其餘的物品留在桌上即可打道回府。

這點很重要

礦泉水等於財水，帶回家後自己飲用即可。

7 別忘了也要和虎爺大將軍鞠躬道謝再離開。

這點很重要

黃錢和白錢不用燒化，放在虎爺案前不需帶走。

單元

四

這樣拜才有錢

送窮神

家有窮神難免讓人時運不濟諸事不順，早早送走、將家裡灑掃乾淨，財神和福神才願意進門。

哪裡辦

自家門口。

何時辦

・時間不拘。

・農曆的十二月廿四日（送神日）做更好。

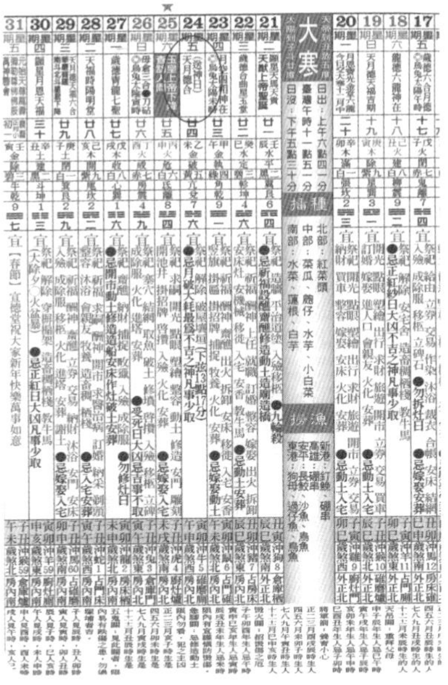

送神日

準備物品

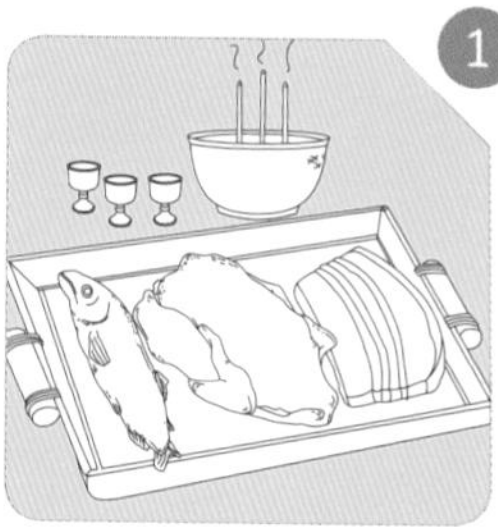

紙畫的魚、肉、雞祭品、三杯清酒、香三支。

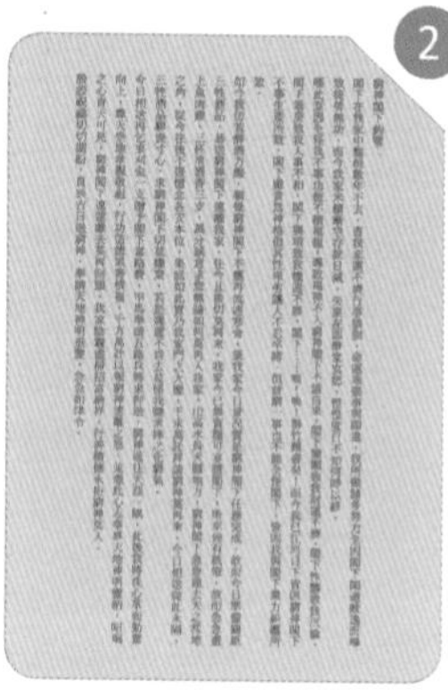

黃紙書寫送窮神文一張。

刈金一支。

甲馬一支。

這點很重要

- 圖畫得好不好看不重要，重點在於送走窮神的決心。
- 送窮神文可以自己發揮，只要寫出自己的窮困和無奈，誠心急切的希望窮神速速離開就好。

送神文

窮神閣下鈞鑒：

閣下在我家中盤桓數年不去，害我家運不濟行事狼狽，命運乖張事與願違，我所做諸多努力全因閣下閑適散逸而導致徒勞無功，而今我家米櫃漸空存款日減，失業在即舉家哀愁，惶惶度日不知何時以終。

嘆此原因全怪我不事功德不積福報，導致福神不入窮神閣下不請自來，閣下慵懶致我財運不濟，閣下性髒致我沉淪，閣下乖戾致我人事不和、閣下猥瑣致我機運不展、閣下……唉！唉！罄竹難書矣！而今我已江河日下皆因窮神閣下不事生產所致，閣下雖貴爲神格但其性卑劣讓人不忍卒睹，但貧窮一事也不能全怪閣下，皆因我與閣下業力糾纏所致。

如今我彷若醉酒方醒，頓覺窮神閣下不應再流連寒舍，業我家今日景況實是窮神閣下任務完成，故而今日準備圖紙三牲酒品，恭送窮神閣下速離我家，往今且後切莫再來，我家今已無資糧可宴請閣下，所幸尚有紙筆，故而急急畫上魚肉雞、三杯清酒香三支，萬分誠意求您無論如何莫再入我家，山高水長天圓地方，窮神閣下急急速去天之涯地之角，從今往後不復憶念各安本位，果能如此實乃我家門之大慶，千求萬託拜請窮神莫再來，今日相送從此永隔，三牲酒品聊表寸心，求窮神閣下切莫嫌棄，若是遲遲不肯去莫怪我鹽米摔之化窮氣。

今日相送再乞來刈金一支贈予閣下當路費，甲馬奉請五路兵將來押送，窮神送往天涯一隅，此後我將洗心革面勤奮向上，尊天崇地孝親敬祖，行功造德累善積福，千方萬計以報窮神速離之恩，並憑此心志奉稟天地神明鑒納，昭炯之心青天可見，窮神閣下速速離去莫再回頭，我家陰霾盡掃招富納祥，行善積德永拒窮神莫入。

殷殷祝禱切切期盼，良辰吉日送窮神，奉請天地神明垂鑒，急急如律令。

送窮神步驟

1 在家門口準備一張小桌，放上圖紙三牲、紙錢、送窮神文。

2 將送窮神文唸一遍，然後連同圖紙三牲、紙錢一併燒化即可。

這點很重要

・燒在哪？如果家有金爐，就用金爐燒；若無，則燒在大碗公或不怕火的容器中。但須特別注意安全！

・燒完的灰燼可丟置垃圾桶。

單元 四

這樣拜才有錢

補庫、補運、補財常用金紙

希望神明賜予好運或是財富，以下所列紙錢都是基本配備，但依照祈求的目的不同、輕重緩急的狀況不同，需要的金紙數量也會因人而異，只需擲筊確認就行。

補庫常用金紙

庫，分爲天庫錢、地庫錢、水庫錢。

1

天庫錢

天庫錢：累積來世的錢財，以方便下次輪迴使用。

地庫錢

地庫錢：償還此次投胎爲人時，向陰曹地府借來使用的錢財，以免曹官前來催討。

水庫錢

水庫錢：今世爲人的存款多寡，水庫補的越多，就越能鞏固今生的財富不致意外破財。

因此天庫錢、地庫錢、水庫錢這三種紙錢，是進庫和開庫時常會用到的，而掌管財庫的官方代表，一般都認是三官大帝，也就是俗稱的三界公。

補運常用金紙

補運錢和補運金的作用沒有差別。

補運錢：補運用的紙錢是「補運錢」，但也有些地方是使用「補運金」做爲補運的紙錢。

南北兩地的補運錢有些不一樣，南部的補運錢是將幾張紙錢用紅紙包成一封，而北部的補運錢是在外包裝上印有圖樣和「補運錢」三個字。

「補運金」，則是將印有大悲咒的經紙包成一小封，作爲補運之用，此法比較盛行於桃竹苗一帶的廟宇。

不管補運金或補運錢，作用都是相同的，主要目的是打通冤親債主，先支付一點零用錢以安撫冤親債主，免得它們阻礙當事人的好運。

補財常用金紙

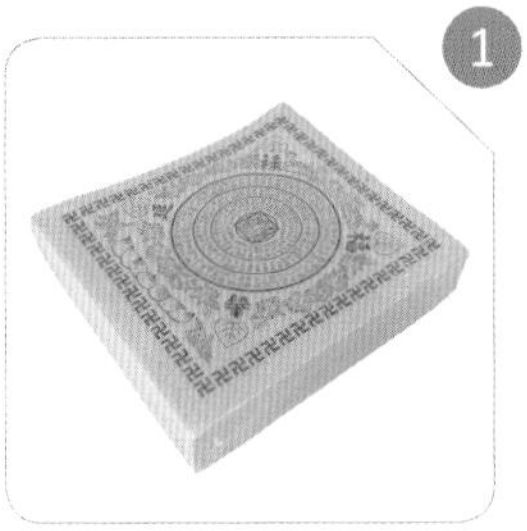
壽生錢

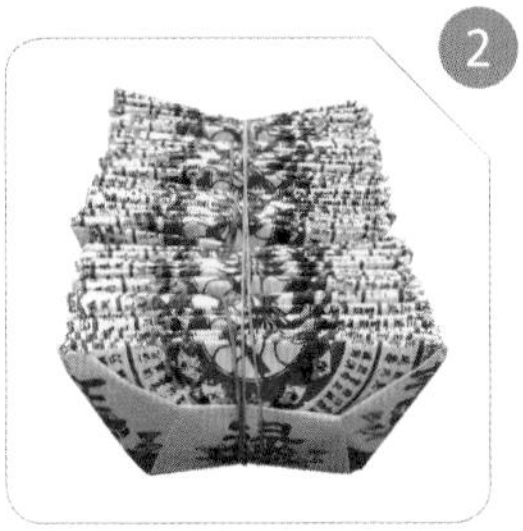
壽生元寶

壽生錢：燒化壽生錢，等於償抵投胎時向地府借用的人間財，因此補財時一定會用壽生錢，希望能增加生財的機會。

壽生元寶：是以「壽生蓮花紙」所摺出來的小元寶，一般我們戲稱爲「半兩」。將元寶燒化的主要目的是以無形財換有形財，就像貨幣兌換一樣，給予冥界元寶換得新台幣。

3

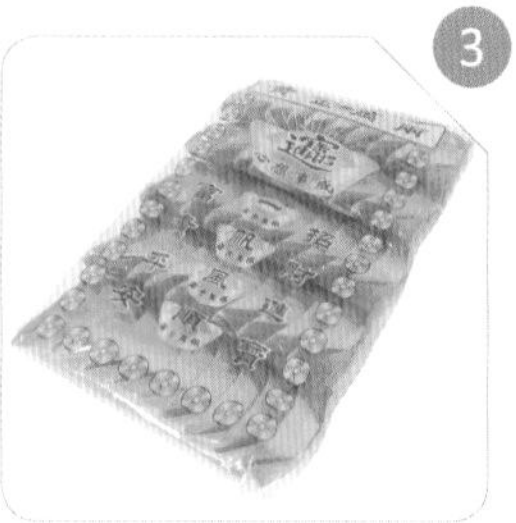

金元寶

金元寶：通常是以兩張燙金元寶摺出來的，一般稱爲「純金九九九」，以便和「半兩」做區分。

這點很重要

- 金元寶摺好後，還要在底部塞入五張環保福金，象徵向五方取財之意。拜財神時，如果不用專用的五路財神金，也可以金元寶代替，其效果有時還勝過財神金。
- 福金上也要蓋上大拇指印，同樣男左女右。

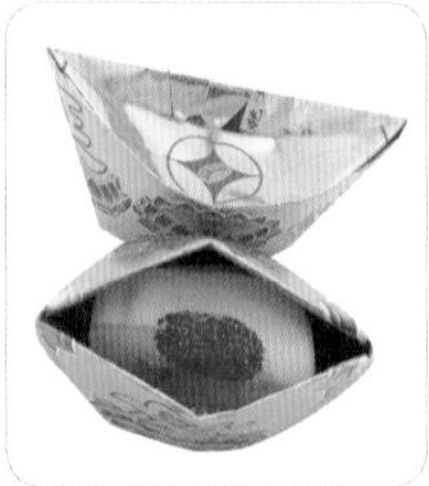

4

壽生蓮花

壽生蓮花：用壽生蓮花紙摺出來的蓮花，一般是敬拜神明用的。壽生蓮花的標準規格是蓮花用十八張壽生紙，蓮花座用三十六張，總共五十四張，對摺後共爲一百零八張，代表宇宙上下四方，其作用是請神佛賜福。

四色金：顧名思義就是四種金紙的統稱，分別是：**大箔壽金**、**福金**、**壽金**、**刈金**，這四種紙錢可以成套使用，也可以單獨使用。

- 大箔壽金：拜玉皇大帝的。
- 福金：拜土地公的。
- 壽金：拜眾神均可使用。
- 刈金：請神明打通關時使用。

5

大箔壽金

6
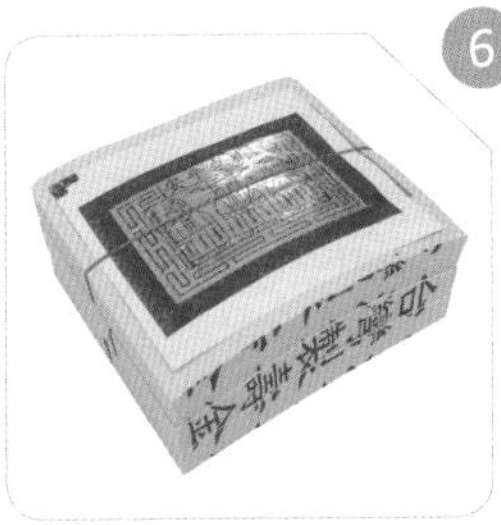
壽金

7

福金

8

刈金

這點很重要

特別一提的是，一般廟裡都會準備好四色金供香客取用，如果只是普通拜拜，只需取一份即可；但若是有事相求時，則要取三份以示誠意。

黃白錢：虎爺專用紙錢，很多時候也會用在拜神祈福。

・黃錢：代表黃金。

・白錢：代表白銀。

黃錢

白錢

一般來說，黃、白錢是神鬼通用的，拜拜時經常使用。近年來很多人會用黃、白錢拜虎爺，主要的目的就是希望送虎爺財寶，可以請虎爺咬來同等財富相贈。

單元 五

這樣拜，諸事如意

◆

祈求找到好工作

◆

祈求找到好姻緣

◆

祈求土地公保佑諸事順心，貴人來，小人閃開

◆

祈求金榜題名

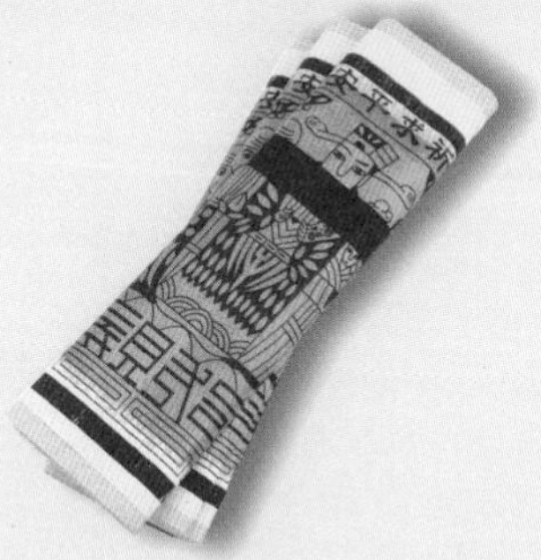

單元

五

這樣拜，諸事如意

祈求找到好工作

無論是待業中、想換跑道、或是新鮮人即將進入職場，都可拜拜祈求神明保佑賜予工作良機。

但別忘了，神明可賜予機會，但自己也一定要積極努力，天助自助，效果顯著。

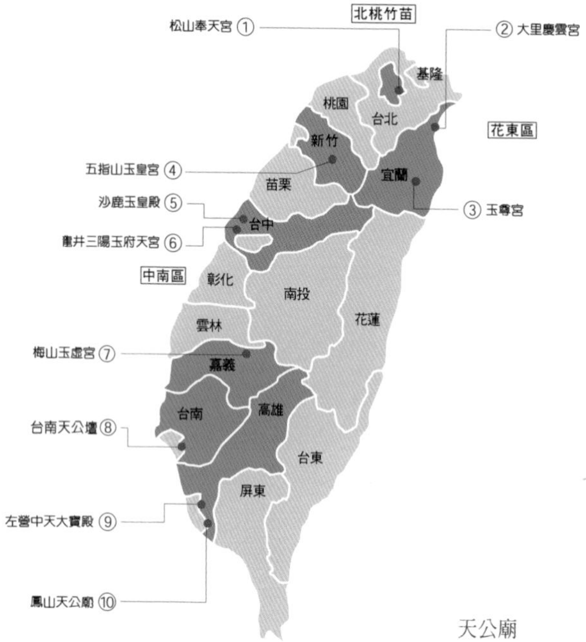

天公廟

哪裡辦

想改善工作運，可到有奉拜玉皇大帝的廟宇祈求。

何時辦

隨時都可辦理，但以早上時間為佳。

準備物品

1

花一對、五種水果一份。

2

廟金三份。

3
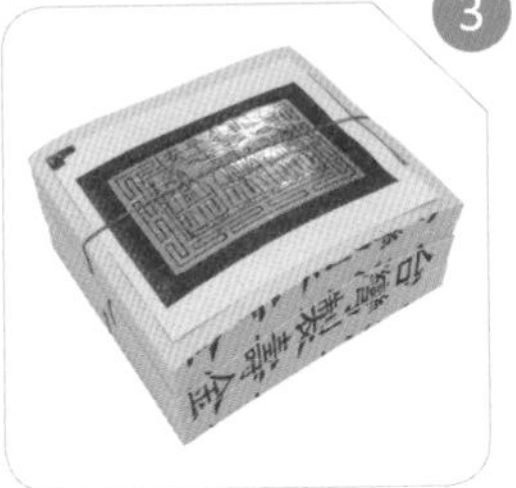
壽金十支。

4

福金二十支。

5

刈金三十支。

6

天公金十支。

7

補運錢三十支。

8

十二元神紙十支。

9

黃錢十支。

祈求找到好工作步驟

1

獻花、獻果、放好金紙、點香。

壽生蓮花十二朵。

白錢十支。

功德單（金額隨意）。

甲馬十支。

這點很重要

記得在功德單收據的空白處，以紅筆寫上：以此功德迴向○○宮（廟）玉皇大帝暨眾神，助我順利謀求工作。

2

朝外拜天公。

奉香拜請玉皇大帝暨諸天過往神佛在上，弟子〇〇〇，出生時間民國〇〇農曆〇〇月〇〇日，現住在〇〇〇〇〇〇〇〇〇〇〇〇〇〇〇〇。今日敬備四品禮物前來〇〇宮，祈求玉皇大帝庇佑順利找到工作，在此祈求玉皇大帝暨諸天過往神佛保佑，今日所求圓滿順利。弟子〇〇〇叩上。

這點很重要

如果已經有引導神的話，在奉香拜請時也要呼請自己的引導神之名。

3

入廟跪於玉皇大帝面前，稟告：

奉香拜請玉皇大帝在上，弟子〇〇〇，出生時間民國〇〇農曆〇〇月〇〇日，現住在〇〇〇〇〇〇〇〇〇〇〇〇〇〇〇〇。今日備辦四品禮物前來請求玉皇大帝做主，指引弟子一個工作機會，弟子學的是〇〇〇，祈求天尊做主讓弟子能夠學有所長得以發揮，能得貴人提攜學以致用，並能人事和諧收入穩定。得蒙庇佑，弟子定當行功造德廣宣神威答叩神恩，並祝本廟香火鼎盛，眾神神威顯赫。弟子〇〇〇百拜叩求。

4

再到其他神明面前稟告祈求順利，然後插香。

5

到廟方櫃台添香油（金額隨喜），然後將功德單拿在手上，恭呈給玉皇大帝觀看，並說：

弟子〇〇〇今日來求玉皇大帝做主惠賜工作運，特捐〇〇〇元功德金，以此功德迴向本廟眾神，並祈求順利獲得工作，以此照會。

6

將收據與紙錢放在一起，稍等十分鐘。

7

擲筊請示是否可以奉化紙錢。

玉皇大帝在上，弟子今日敬備：（一一唸出準備的紙錢名稱和數量），請問以上四品禮物是否圓滿？若圓滿請賜一聖筊。

聖筊：圓滿，不需增加。

笑筊：代表尚在處理中，十分鐘後再來詢問一次。

蓋筊：請示「是否紙錢數量不夠？」若是，則一項一項請示紙錢數量，同樣以三的倍數往上加，直到擲到聖筊。

⬇

這點很重要

・若不是紙錢數量不夠，可請示：「是否一次不夠還要辦第二次？」若是需要辦第二次，下次可再準備相同四品禮物前來敬拜。

・拜拜時不用擔心擲不到聖筊，只要誠心一一請示，一定可以得到明確回應。

8 數量全部確認後，再擲筊請示是否可以燒化紙錢。

⬅

9 紙錢燒化完後，回到主殿感謝眾神庇佑，拜三拜或行三鞠躬禮之後，方可收拾果品離廟返家。

⬅

這點很重要

・如果已經有工作，但最近工作不順、老闆刁難、客戶找麻煩、同事變小人，亦可用此做法，請求玉皇大帝保佑工作順利。

・稟告時只要將說法改掉就可以了。例如：祈求玉皇大帝庇佑「順利找到工作」改成祈求玉皇大帝庇佑「弟子工作順利，貴人牽成，小人遠離」即可。

單元

五

這樣拜，諸事如意

祈求找到好姻緣

求姻緣和求人緣、求桃花不同，求姻緣的目的很明確，是為了求一個「結果」。所以若已很明確地想進入婚姻、可誠心請求西王金母賜予沒有業力糾葛的今生良緣。

哪裡辦

想要早日覓得眞命天子或天女，可到有奉拜金母娘娘，也就是西王金母的廟宇祈求。

何時辦

隨時都可辦理，但以早上時間爲佳。

準備物品

1

花一對、五種水果一份。

廟金三份。

補運錢三十支。

刈金二十支。

黃錢二十支。

白錢二十支。

巾衣十支。

甲馬十支。

壽生蓮花十二朵。

往生蓮花十二朵。

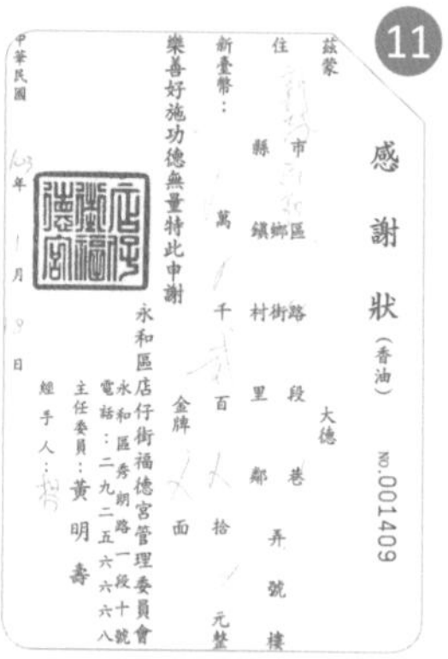

功德單（金額隨意）。

這點很重要

祈求找到好姻緣所準備的花，最好選擇香噴噴的粉紅色百合花。

祈求找到好姻緣步驟

1 獻花、獻果、放好金紙、點香。

2 朝外拜天公。

奉香拜請玉皇大帝暨諸天過往神佛在上，弟子○○○，出生時間民國○○農曆○○月○○日，現住在○○○○○○○○○○。今日敬備四品禮物前來○○宮，祈求西王金母庇佑賜予今生良緣，在此祈求玉皇大帝暨諸天過往神佛保佑，今日所求圓滿順利。弟子○○○叩上。

3 入廟拜主神。

4 跪於西王金母面前，稟告：

奉香拜請西王金母在上，弟子〇〇〇，出生時間民國〇〇農曆〇〇月〇〇日，現住在〇〇〇〇〇〇〇〇〇〇〇〇。今日敬備四品禮物前來請求西王金母做主，賜予弟子今生良緣，沒有業力糾葛，相互扶持白頭到老，同心助善共乘道法。如蒙庇佑，弟子必當行功造德答叩神恩。弟子〇〇〇百拜叩求。

5 再到其他神明面前稟告祈求順利，然後插香。

6 到廟方櫃台添香油（金額隨喜），然後將功德單拿在手上，恭呈給西王金母觀看，並說：

弟子〇〇〇今日來求西王金母做主賜予今生良緣，特捐〇〇〇元功德金，以此功德迴向本廟眾神，並祈求順利找到眞命天子（女），以此照會。

7 將收據與紙錢放在一起。

這點很重要

請求西王金母賜予良緣，通常至少要去三次以上，每一次都需準備上述紙錢前往。

8 擲筊詢問四品禮物是否足夠，若不夠，則需逐一詢問、增加。

9 確認數量後，稍等十分鐘，再擲筊請示是否可燒化金紙。

10 紙錢燒畢，別忘了向西王金母以及廟內衆神鞠躬道謝，便可打道回府。

單元

五

這樣拜，諸事如意

祈求土地公保佑諸事順心，貴人來，小人閃開

福德正神，也就是土地公，不只能庇佑家宅平安，更可將無形財化為有形財，增加財氣；而土地公旁的虎爺大將軍更可助你化解小人暗算。經常敬拜土地公和虎爺，締結深厚緣分，有時比拜眾多神明還要快看到效果。

哪裡辦

・住家附近的土地公廟。
・可以經常前往、或讓你感覺特別親切的土地公廟。
・大廟或香火鼎盛的廟宇內所配祀的福德正神，也是可以祈求的對象。

何時辦

・每月初一、十五的早上。
・農曆二月初二，福德正神誕辰一定要前往祝壽。

準備物品

1

花一對、五種水果一份。

2

蛋糕一個（或是紅龜粿、紅圓）。

3

礦泉水一瓶。

4

生雞蛋六顆。

5

廟金三份。

6

福金三十支。

7

刈金十支。

8

補運錢三支。

9

黃錢一支。

白錢一支。

壽生蓮花三朵。

壽生元寶三百六十顆。

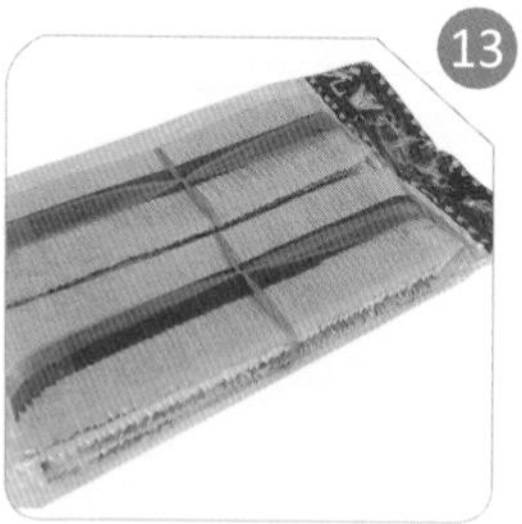
金元寶六十顆。

這點很重要

土地公廟的神桌下，或是廟後方，通常有虎爺大將軍鎮守，因此必須同時準備給虎爺的四品禮物：生雞蛋、黃錢、白錢。

敬拜土地公步驟

1 獻花、獻果、放好金紙、點香。

這點很重要

如果虎爺在土地公廟後方，要記得把生雞蛋、黃白錢放在虎爺面前。

2

先朝外拜天公。

奉香拜請玉皇大帝暨諸天過往神佛在上，弟子〇〇〇，出生時間民國〇〇農曆〇〇月〇〇日，現住在〇〇〇〇〇〇〇〇〇〇〇〇〇〇〇〇〇。今日敬備四品禮物前來〇〇宮，祈求福德正神庇佑家宅平安諸事順利。在此祈求玉皇大帝暨諸天過往神佛保佑，今日所求圓滿順利。弟子〇〇〇叩上。

3

入廟拜福德正神：

奉香拜請土地公在上，弟子〇〇〇，出生時間民國〇〇農曆〇〇月〇〇日，現住在〇〇〇〇〇〇〇〇〇〇〇〇〇〇〇〇〇。今日敬備四品禮物前來〇〇宮，祈祝〇〇宮香火鼎盛，土地公神威顯赫千秋萬世，並祈求福德正神庇佑弟子家宅平安諸事順利。弟子〇〇〇叩上。

這點很重要

稟告的時候，先祝福神明一番，再說出自己的請求，有時會順利得讓你驚訝。

4

也要向虎爺稟告一下今天來意：

奉香拜請虎爺大將軍在上，弟子〇〇〇，出生時間民國〇〇農曆〇〇月〇〇日，現住在〇〇〇〇〇〇〇〇〇〇〇〇〇〇〇〇〇。今日準備生雞蛋、黃白錢前來敬拜，祈祝〇〇宮香火鼎盛，虎爺大將軍神威顯赫千秋萬世。並祈求虎爺大將軍庇佑弟子多貴人牽成、小人遠離。弟子〇〇〇叩上。

5 ⬅ 稍等十分鐘，等香燒過半之後，再擲筊請示福德正神是否可以化寶。

6 ⬅ 聖筊：圓滿，可以化寶了。化寶前，雙手合時向福德正神稟告：

土地公在上，弟子今日敬備○○顆元寶，請土地公以無形財化有形財，助我一臂之力，貴人現前、財源廣進，請以礦泉水化做財水，助我財源興旺順利順調。弟子○○○叩上。

這點很重要

- 土地公是運送及分配人間財富的重要神祇，因此化寶前請求土地公將無形財化為有形財是相當重要的關鍵。
- 水和水果可以帶走，水已變成財水，可以增加自身財運，最好自己喝；水果則富有貴人靈氣，因此也是不能和他人分享的。
- 蛋糕、紅龜粿或紅圓留下來給土地公慢慢享用，不必帶回家。

7 ⬅ 笑筊或蓋筊：通常代表元寶不夠、或是紙錢不夠，可擲筊一一請示數量。

8 ⬅ 數量確認後，若今天可補上最好，若不行，可擲筊請示土地公是否可以盡快來補上。

9 ⬅ 一切圓滿後，收拾果物打道回府。

這點很重要

・放在虎爺面前的黃白錢不用燒，但如果虎爺面前有他人的黃、白錢，可以拿去燒化。

這是虎爺轉財運的一種方式，也就是說，把你的黃白錢留在虎爺面前，把別人放的黃白錢拿去燒化掉。

・生雞蛋也留給虎爺不要帶走。因爲虎爺每吃掉一個雞蛋就等於幫你吃掉一個厄運。

如果能持之以恆地向土地公求財求運，效果是很顯著的。而最主要的關鍵則在於元寶，元寶燒得越多，可換得的現金也會相對增多，這是以此法求財的人共同的心得。

單元 五 這樣拜，諸事如意

祈求金榜題名

考試除了實力之外，運氣更是重要。若考試前出現狀況、考試時失常，便只能大嘆功虧一簣、下次再來。

除了應屆學子考試需求金榜題名之外，上班族考證照、公務人員升等考等等，都可運用此法，求神明助自己一臂之力。

哪裡拜

考生欲求金榜題名，除了祈求文昌帝君之外，五夫子廟、文衡帝君、五文昌廟、至聖孔子廟亦很靈驗。

何時拜

・考前平日即可，早上時間爲佳。
・拿到准考證後。
・考完後更需盡快前往敬拜稟告。

準備物品

1

花一對、五種水果一份。

2

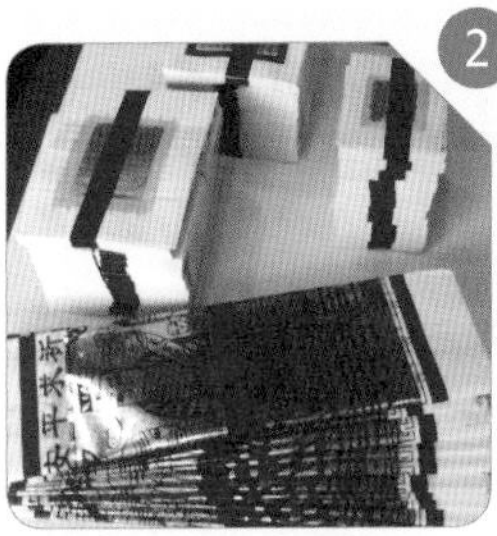

廟金三份。

3

補運錢三支。

4

天官錢二十支。

5

地官錢二十支。

6

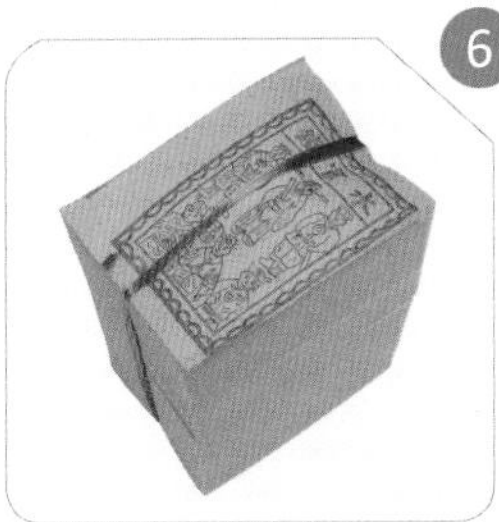

水官錢二十支。

7

甘蔗一截。

這點很重要

甘蔗一截需有三個節，然後在甘蔗兩頭各以紅棉線繞三圈。

祈求金榜題名步驟

1 獻花、獻果、放好金紙。

2 將准考證和甘蔗、紅土放在文昌帝君案前。

這點很重要

准考證和甘蔗、紅土都要放在文昌帝君面前，讓神明看得越清楚越好。

3 點香。先朝外拜天公（已接到引導神的話也要呼請師尊之名）。

奉香拜請玉皇大帝暨諸天過往神佛在上，弟子○○○，出生時間民國○○農曆○○月○○日，現住在○○○○○○○○○○○○○○○○。今日敬備四品禮物前來○○宮，祈求文昌帝君庇佑弟子智慧大開、超強發揮實力、順利金榜題名，在此祈求玉皇大帝暨諸天過往神佛保佑，今日所求圓滿順利。弟子○○○叩上。

象棋中的「紅土」一顆。

准考證影本一份。

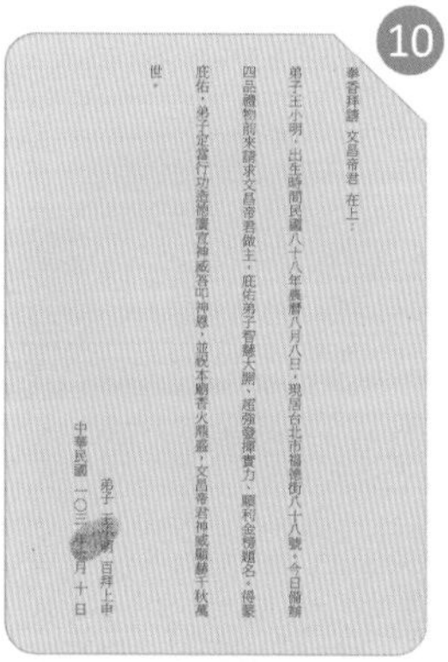

奉香拜請 文昌帝君 在上：

弟子王小明，出生時間民國八十八年農曆八月八日，現居台北市福德街八十八號，今日備辦四品禮物前來請求文昌帝君做主，庇佑弟子智慧大開、超強發揮實力、順利金榜題名。得蒙庇佑，弟子定當行功造德廣宣神威答叩神恩，並祝本廟香火鼎盛，文昌帝君神威顯赫千秋萬世。

弟子 王[illegible] 百拜上申

中華民國 一〇[illegible]月十日

黃紙紅筆書寫稟文一張。

4 入廟跪於文昌帝君面前，稟告：

奉香拜請文昌帝君在上，弟子○○○，出生時間民國○○農曆○○月○○日，現住在○○○○○○○○○○。今日備辦四品禮物前來請求文昌帝君做主，庇佑弟子智慧大開、超強發揮實力、順利金榜題名。得蒙庇佑，弟子定當行功造德廣宣神威答叩神恩，並祝本廟香火鼎盛，文昌帝君神威顯赫千秋萬世。弟子○○○百拜叩求。

➡

5 再向廟中其他神明一一稟告。

➡

6 稍等十分鐘。然後擲筊請示是否可以奉化紙錢。

➡

7 確認可化寶後，將紙錢、准考證影本、稟文全部燒化。

➡

8

再將「紅土」在香爐上順三圈、逆三圈過爐後，裝在紅包袋內隨身攜帶，考試時也要帶在身上。

➡

9 回到主殿感謝眾神庇佑，拜三拜或行三鞠躬禮之後，便可帶著果品和甘蔗回家。

這點很重要

- 甘蔗帶回家後要放在書桌上擺著，一直到考完試後才可以丟棄。
- 最重要的是，考完後要立刻再去文昌廟拜一次！這時約莫已開始閱卷，此微差距就會影響錄取與否，所以考完後的稟報才是求考運的關鍵所在。

諸神佛誕辰

拜拜提醒

・拜拜不用跑全省，固定前往幾家廟宇、或與自己的引導師尊締結深厚的緣份和感情，祈求無有不應。

・拜拜的時間除了初一、十五之外，神明誕辰更是拜拜祈求的最佳時機。

・神明誕辰前往祝壽時，除了必備的花果燭之外，不妨再添上壽麵、壽桃、或是蛋糕以示慶賀，這些物品不難買，有時大廟還有「套裝組合」可供信眾購買。

農曆正月

正月初九日　玉皇大帝萬壽
正月十五日　上元天官大帝聖誕

農曆二月

二月初二日　福德正神千秋
二月初三日　文昌帝君聖誕
二月初六日　東華大帝聖誕
二月十五日　九天玄女聖誕
二月十五日　太上老君萬壽
二月十五日　三山國王千秋
二月十九日　觀世音菩薩佛辰

農曆三月

三月初三日　玄天上帝萬壽
三月十五日　中路財神聖誕
三月十五日　保生大帝聖誕
三月廿三日　天上聖母媽祖聖誕

農曆四月

四月十四日　孚佑帝君聖誕
四月十八日　華陀星君聖誕

農曆五月

五月十八日　西王金母聖誕

農曆六月

六月初六日　虎爺誕辰千秋
六月十九日　觀世音菩薩成道
六月廿四日　關聖帝君聖誕

農曆七月

七月十五日　中元地官大帝聖誕
七月十八日　瑤池王母娘娘聖誕
七月三十日　地藏王菩薩佛辰

農曆八月

八月十五日　九天玄女娘娘千秋
八月十五日　月老星君聖誕

農曆九月

九月初九日　斗母星君聖誕

農曆十月

十月十五日　下元水官大帝聖誕
十月十八日　地母至尊千秋

農曆十一月

十一月十一日　太乙救苦天尊聖誕
十一月十七日　阿彌陀佛佛誕

農曆十二月

十二月十六日　福德正神千秋
十二月廿四日　送神日

廣　告　回　函
北區郵政管理登記證
台北廣字第000791號
郵資已付，免貼郵票

104台北市民生東路二段141號11樓

英屬蓋曼群島商家庭傳媒股份有限公司

城邦分公司

請沿虛線對折，謝謝！

遇見春光・生命從此神采飛揚

春光出版

書號：OC0070X	書名：這樣拜才有效精華圖解版（全新封面版）

請於此處用膠水黏貼

讀者回函卡

謝謝您購買我們出版的書籍！請費心填寫此回函卡，我們將不定期寄上城邦集團最新的出版訊息。

姓名：______________________

性別：□男　□女

生日：西元________年________月________日

地址：______________________

聯絡電話：____________ 傳真：____________

E-mail：______________________

職業：□1.學生 □2.軍公教 □3.服務 □4.金融 □5.製造 □6.資訊

□7.傳播 □8.自由業 □9.農漁牧 □10.家管 □11.退休

□12.其他 ______________________

您從何種方式得知本書消息？

□1.書店 □2.網路 □3.報紙 □4.雜誌 □5.廣播 □6.電視

□7.親友推薦 □8.其他 ______________________

您通常以何種方式購書？

□1.書店 □2.網路 □3.傳真訂購 □4.郵局劃撥 □5.其他 __________

您喜歡閱讀哪些類別的書籍？

□1.財經商業 □2.自然科學 □3.歷史 □4.法律 □5.文學

□6.休閒旅遊 □7.小說 □8.人物傳記 □9.生活、勵志

□10.其他 ______________________

為提供訂購、行銷、客戶管理或其他合於營業登記項目或章程所定業務之目的，英屬蓋曼群島商家庭傳媒（股）公司城邦分公司，於本集團之營運期間及地區內，將以電郵、傳真、電話、簡訊、郵寄或其他公告方式利用您提供之資料（資料類別：C001、C002、C003、C011等）。利用對象除本集團外，亦可能包括相關服務的協力機構。如您有依個資法第三條或其他需服務之處，得致電本公司客服中心電話 (02)25007718請求協助。相關資料如為非必要項目，不提供亦不影響您的權益。

1. C001辨識個人者：如消費者之姓名、地址、電話、電子郵件等資訊。
2. C002辨識財務者：如信用卡或轉帳帳戶資訊。
3. C003政府資料中之辨識者：如身分證字號或護照號碼（外國人）。
4. C011個人描述：如性別、國籍、出生年月日。

請於此處用膠水黏貼

國家圖書館出版品預行編目資料

這樣拜才有效精華圖解版／春光編輯室 著：
一初版.一台北市：春光出版：家庭傳媒城邦分公司發行，
民103.06
面；公分.一
ISBN 978-986-5922-47-4（平裝）

1.祭祀　2.祭禮　3.民間信仰

272.92　　　　　　103010069

這樣拜才有效精華圖解版（全新封面版）

作　　　者／王品豊
企劃選書人／劉毓玫
責 任 編 輯／劉毓玫

版權行政暨數位業務專員／陳玉鈴
資深版權專員／許儀盈
行 銷 企 劃／周丹蘋
業 務 主 任／范光杰
行銷業務經理／李振東
副 總 編 輯／王雪莉
發　行　人／何飛鵬
法 律 顧 問／元禾法律事務所　王子文律師
出　　　版／春光出版
台北市104中山區民生東路二段 141 號 8 樓
電話：(02) 2500-7008　傳真：(02) 2502-7676
部落格：http://stareast.pixnet.net/blog
E-mail：stareast_service@cite.com.tw
發　　　行／英屬蓋曼群島商家庭傳媒股份有限公司城邦分公司
台北市中山區民生東路二段 141 號 11 樓
書虫客服服務專線：(02) 2500-7718 / (02) 2500-7719
24小時傳眞服務：(02) 2500-1990 / (02) 2500-1991
讀者服務信箱E-mail: service@readingclub.com.tw
服務時間：週一至週五上午9:30～12:00，下午13:30～17:00
劃撥帳號：19863813　戶名：書虫股份有限公司
城邦讀書花園網址：www.cite.com.tw
香港發行所／城邦（香港）出版集團有限公司
香港灣仔駱克道 193 號東超商業中心 1 樓
電話：(852) 2508-6231　傳眞：(852) 2578-9337
E-mail : hkcite@biznetvigator.com
馬新發行所／城邦（馬新）出版集團【Cite(M)Sdn. Bhd.(458372U)】
11, Jalan 30D/146, Desa Tasik,
Sungai Besi, 57000 Kuala Lumpur, Malaysia.

封 面 設 計／黃聖文
內 頁 排 版／小題大作
印　　　刷／高典印刷有限公司

■ 2014 年（民 103）7月 3日初版
■ 2023 年（民 112）6月 2日二版1.3刷
Printed in Taiwan

售價／260元

城邦讀書花園
www.cite.com.tw

ISBN　978-986-5922-47-4
EAN　471-770-2902-94-0

拜拜小抄和稟文範本

小抄用法

每次拜拜總是搞不清楚要準備哪些物品？或是翻書抄下覺得很麻煩？稟文內容太長，記不住、漏東漏西很擔心求神時說不清楚？

「拜拜小抄」和「稟文」可以裁切下來，方便你在購買金紙、準備物品、以及擲筊請示數量時不會手忙腳亂。而空白處可記錄每次拜拜的日期、購買四品禮物花費的金額等等。

拜拜像儲蓄，最好能定時前往；而「三赦」每年都需要辦、「三庫」一年最好辦兩次，因此建議將拜拜小抄和稟文裁切下來後影印多份，以方便隨時可用。

天赦稟文

奉香拜請　玉皇大天尊　在上：

弟子　　　　，出生時間民國　　年　　月　　日，現居　　　　。今日良辰吉時，備辦四品禮物：四色

金　　份、刈金　　支、壽生錢　　、補運錢　　支，誠心祈求　玉皇大天尊開赦

天恩，賜弟子時來運轉、財源亨通。若蒙垂憐，必當竭心向善以彰神威，並祈祝

本廟香火旺盛，玉皇大天尊神威顯赫。

弟子　　　　百拜上申

中華民國　　年　　月　　日

① 沿著虛線裁切。

② 填寫自己的姓名、生日、地址。

③ 在空格內填上擲筊後確認數量。

④ 寫上自己的姓名、蓋大拇指印，同樣是男左女右。

⑤ 寫上辦理日期。

天赦準備物品

	品名	基本數量	擲筊確認數量
1	花果燭		
2	黃紙紅筆書寫稟文	一張	
3	廟金	六份	
4	刈金	十支	
5	壽生錢	一刀	
6	補運錢	十支	

① 沿著虛線裁切。

② 先準備這些數量去拜拜。

③ 向神明擲筊請示確認之後的數量。

④ 可記錄：辦理日期、購買金紙總金額、或是其他備忘。

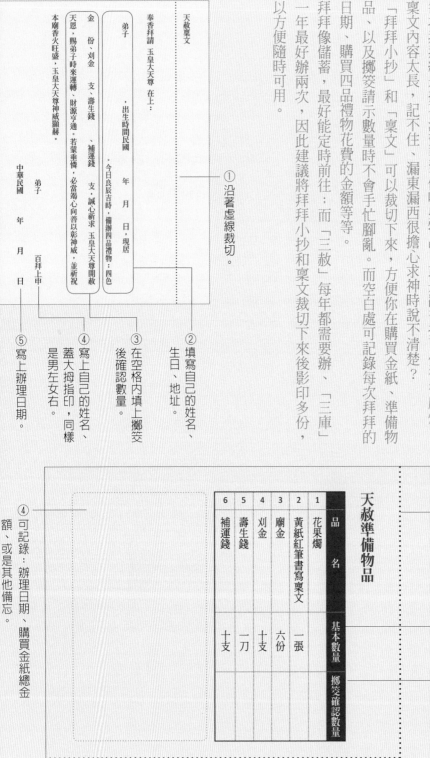

天赦準備物品

	品名	基本數量	擲筊確認數量
1	花果燭		
2	黃紙紅筆書寫稟文	一張	
3	廟金	六份	
4	刈金	十支	
5	壽生錢	一刀	
6	補運錢	十支	

地赦準備物品

	品名	基本數量	擲筊確認數量
1	花果燭		
2	黃紙紅筆書寫稟文	一張	
3	廟金	六份	
4	大銀	三十支	
5	小銀	三十支	
6	刈金	十支	
7	福金	二十支	
8	佛祖金	一刀	
9	壽生錢	一刀	
10	往生錢	一刀	
11	本命錢	一刀	
12	地藏金	十支	
13	壽金	十支	
14	黃錢	三支	

天地度化準備物品

	品名	基本數量	擲筊確認數量
1	花果燭		
2	黃紙紅筆書寫稟文	一張	
3	廟金	六份	
4	壽生蓮花	三朵	
5	補運錢	三十支	
6	手珠	一串	

地赦準備物品

	品名	基本數量	擲筊確認數量
15	白錢	三支	
16	巾衣	三支	
17	甲馬	三支	
18	庫錢	三箱	
19	壽生蓮花	十八朵	
20	往生蓮花	三十六朵	

補庫準備物品

	品名	基本數量	擲筊確認數量
1	花果燭		
2	紅紙黑筆書寫稟文	一張	
3	廟金	十二份	
4	防風小蠟燭（圍成圓圈）	十二支	
5	古銅錢	五個	
6	刈金	三十支	
7	福金	三十支	
8	壽生蓮花	三十六朵	
9	壽生錢	三十支	
10	黃錢	十支	
11	白錢	十支	
12	巾衣	十支	
13	甲馬	十支	

進庫準備物品

	品名	基本數量	擲筊確認數量
1	花果燭		
2	廟金	十二份	
3	壽生蓮花	一百零八朵	
4	壽生錢	十支	
5	補運錢	十支	
6	刈金	三十支	
7	福金	六十支	
8	黃錢	十支	
9	白錢	十支	
10	巾衣	二十支	
11	甲馬	二十支	
12	天庫錢	一件	
13	水庫錢	一件	
14	地庫錢	一件	

開庫準備物品

	品名	基本數量	擲筊確認數量
1	花果燭		
2	廟金	三份	
3	壽生蓮花	六朵	
4	壽生錢	一刀	
5	補運錢	十支	
6	刈金	十支	
7	福金	十支	
8	黃錢	三支	
9	白錢	三支	
10	甲馬	三支	
11	天庫錢	三十支	
12	水庫錢	三十支	
13	地庫錢	三十支	
14	壽生元寶	三百六十顆	

天地運財準備物品

	品名	基本數量	擲筊確認數量
1	花果燭		
2	廟金	三份	
3	福金	十支	
4	黃錢	三支	
5	白錢	三支	
6	花生糖	一包	
7	礦泉水	一瓶	

祭祖準備物品

	品名	基本數量	擲筊確認數量
1	三牲（豬、魚、雞）		
2	大銀	二十支	
3	小銀	十支	
4	巾衣	一支	
5	銀元寶	三百個	
6	壽生蓮花	三十六朵	
7	往生蓮花	七十二朵	
8	庫銀	六箱	
9	病符錢	二十一支	

求工作運準備物品

	品名	基本數量	擲筊確認數量
1	花果燭		
2	廟金	三份	
3	壽金	十支	
4	福金	二十支	
5	刈金	三十支	
6	天公金	十支	
7	補運錢	三十支	
8	十二元神紙	十支	
9	黃錢	十支	
10	白錢	十支	
11	甲馬	十支	
12	壽生蓮花	十二朵	
13	功德單		

求金榜題名準備物品

	品名	基本數量	擲筊確認數量
1	花果燭		
2	黃紙紅筆書寫稟文	一張	
3	廟金	三份	
4	補運錢	三支	
5	天官錢	二十支	
6	水官錢	二十支	
7	地官錢	二十支	
8	甘蔗	一截	
9	象棋「紅士」	一顆	
10	準考證影本	一份	

求好姻緣準備物品

	品名	基本數量	擲筊確認數量
1	花果燭		
2	廟金	三份	
3	補運錢	三十支	
4	刈金	二十支	
5	黃錢	二十支	
6	白錢	二十支	
7	巾衣	十支	
8	甲馬	十支	
9	壽生蓮花	十二朵	
10	往生蓮花	十二朵	
11	功德單		

天赦稟文

奉香拜請　玉皇大天尊　在上：

弟子　　　　　　，出生時間民國　　年　　月　　日，現居

。今日良辰吉時，備辦四品禮物：四色

金　　份、刈金　　支、壽生錢　　、補運錢　　支，誠心祈求　玉皇大天尊開赦

天恩，賜弟子時來運轉、財源亨通。若蒙垂憐，必當竭心向善以彰神威，並祈祝

本廟香火旺盛，玉皇大天尊神威顯赫。

弟子　　　　　　百拜上申

中華民國　　年　　月　　日

地赦稟文

弟子　　，出生時間民國　年　月　日，現居

　　　　。日前　月　日已於

奉香拜請　地藏王菩薩在上：

宮廟，得　玉皇大帝恩准辦妥天赦，今日敬備四品禮物：花果燭、廟金　份、大銀　支、小銀　支、刈金　支、福金　支、佛祖金　、壽生錢　、往生錢　、本命錢　、地藏金　支、壽金　支、黃錢　支、白錢　支、巾衣　支、甲馬　支、庫錢　箱、壽生蓮花　朵、往生蓮花　朵，誠心祈求　地藏王菩薩做主，爲弟子化解今世所纏之業力，弟子過去世不知所犯諸錯誤，在此祈求消衍滅罪，讓弟子得以陰陽兩利，化業力於無形各歸本位。若蒙垂憐，弟子必當行功造德以謝神恩。

弟子　　百拜上申

中華民國　年　月　日

天地度化稟文

奉香拜請　觀音菩薩在上：

弟子　　，出生時間民國　年　月　日，現居

　　　　。日前　月　日已於　宮廟，

得　玉皇大帝恩准辦妥天赦，又於　月　日在　宮廟，得　地藏王菩薩恩准辦妥地赦，今日敬備花果燭、壽生蓮花　朵、補運錢　支、手珠一串、稟文一份，誠心祈求　觀音菩薩垂憐，爲弟子辦理天地度化，引渡因果業力慈航濟度，使陰陽兩利各歸本位。如得　觀音菩薩慈悲普施，弟子將謹記慈訓，行功造德以謝天恩。

弟子　　　百拜上申

中華民國　　年　　月　　日

送窮神文

窮神閣下鈞鑒：

閣下在我家中盤桓數年不去，害我家運不濟行事狼狽，命運乖張事與願違，我所做諸多努力全因閣下閑適散逸而導致徒勞無功，而今我家米櫃漸空存款日減，失業在即舉家哀愁，惶惶度日不知何時以終。

嘆此原因全怪我不事功德不積福報，導致福神不入窮神閣下不請自來，閣下慵懶致我財運不濟，閣下性髒致我沉淪，閣下乖戾致我人事不和、閣下猥瑣致我機運不展、閣下……唉！唉！罄竹難書矣！而今我已江河日下皆因窮神閣下不事生產所致，閣下雖貴爲神格但其性卑劣讓人不忍卒睹，但貧窮一事也不能全怪閣下，皆因我與閣下業力糾纏所致。

如今我仿若醉酒方醒，頓覺窮神閣下不應再流連寒舍，業我家今日景況實是窮神閣下任務完成，故而今日準備圖紙三牲酒品，恭送窮神閣下速離我家，往今且後切莫再來，我家今已無資糧可宴請閣下，所幸尚有紙筆，故而急急畫上魚肉雞、三杯清酒香三支，萬分誠意求您無論如何莫再入我家，山高水長天圓地方，窮神閣下急急速去天之涯地之角，從今往後不復憶念各安本位，果能如此實乃我家門之大慶，千求萬託拜請窮神莫再來，今日相送從此永隔，三牲酒品聊表寸心，求窮神閣下切莫嫌棄，若是遲遲不肯去莫怪我鹽米摔之化窮氣。

今日相送再乞來刈金一支贈予閣下當路費，甲馬奉請五路兵將來押送，窮神送往天涯一隅，此後我將洗心革面勤奮向上，尊天崇地孝親敬祖，行功造德累善積福，千方萬計以報窮神速離之恩，並憑此心志奉稟天地神明鑒納，昭炯之心青天可見，窮神閣下速速離去莫再回頭，我家陰霾盡掃招富納祥，行善積德永拒窮神莫入。

殷殷祝禱切切期盼，良辰吉日送窮神，奉請天地神明垂鑒，急急如律令。